点亮你我的数字生活

康 达 编著

浙江工商大学出版社
ZHEJIANG GONGSHANG UNIVERSITY PRESS

图书在版编目(CIP)数据

点亮你我的数字生活 / 康达编著. —杭州：浙江
工商大学出版社，2018.7

ISBN 978-7-5178-2751-1

Ⅰ. ①点… Ⅱ. ①康… Ⅲ. ①数字技术－应用－社会
生活－普及读物 Ⅳ. ①C913.3－49

中国版本图书馆 CIP 数据核字(2018)第 104809 号

点亮你我的数字生活

康 达 编著

责任编辑	王 耀 任晓燕	
封面设计	林朦朦	
责任印制	包建辉	
出版发行	浙江工商大学出版社	
	(杭州市教工路 198 号 邮政编码 310012)	
	(E-mail：zjgsupress@163.com)	
	(网址：http://www.zjgsupress.com)	
	电话：0571－88904980,88831806(传真)	
排 版	杭州朝曦图文设计有限公司	
印 刷	虎彩印艺股份有限公司	
开 本	710mm×1000mm 1/16	
印 张	8.25	
字 数	150 千	
版 印 次	2018 年 7 月第 1 版 2018 年 7 月第 1 次印刷	
书 号	ISBN 978-7-5178-2751-1	
定 价	30.00 元	

目 录

第一章　数字起源与发展

【本章描述】

本章将从整体对数字起源做基本介绍,讲述不同民族、不同文化派生出不同的数字。内容包括数字产生的原因、数学发展的过程以及经历的阶段,本章还对中国古代记数的方法与记数工具及通用的阿拉伯数字、中国数字、干支记数法、节气记时、二进位制记数法做了较为详细的介绍,同时也对几种不常用的记数法做了简略性介绍。

【具体要求】

1. 理解数字存在的基本含义。

2. 了解数字的起源与发展过程。

3. 熟悉中国古代记数方法与记数工具。

4. 了解阿拉伯数字的产生与应用。

5. 熟悉掌握中国大小写数字与中国干支记数法。

6. 了解二进制与八卦的关系。

7. 了解中国的节气产生的原因。

8. 熟悉各种进制应用的领域。

9. 学会数字思维训练项目的推算方法。

第一节　数字起源

一、数字的含义

数字、文字和自然语言都是信息的载体,它们之间有着天然的联系。远古时期,我们的祖先在未长成我们今天的模样以前,就开始传播信息了。就像我们熟悉的动物一样,动物们经常发出不一样的声音,你可以从中判断出它们的意图。早期的人类也会发出这样的声音,渐渐地,人类开始用这样的声音来传播信息,比如用某种特定的声音提醒同伴有危险要小心,同伴就可能会用"呀呀"声来回应,表示明白了对方的提醒。数字、文字和自然语言的产生都是为了同一个目的——记录和传播信息。

数字是一个神秘的领域,人类最初对数字并没有概念。但是,生活方面的需要,让人类脑海中逐渐有了"数量"的影子。数字产生的年代久远,不过可以肯定的一点是,数字的概念和计数的方法在文字记载之前就已经发展起来了。根据考古学家提供的证据,人类早在5000多年前就已经采用了某种计数方法。关于谁先谁后的问题,说法不一,清代徐灏在《说文解字注笺》中提出:"造字之初,先有数而后有文。"徐灏认为,中国文字的源起,最早产生的是数字,而后才出现了象形字。

大科学家爱因斯坦曾经说过:"数字和宇宙同等重要。"数字是人们建立科学理论的语言。现代化学、生命科学、心理学、人类学、社会学、经济学、数字技术,甚至包括人文味特浓的历史学都需要数字。今天,数字在人类生活的方方面面发挥着作用,人类进入了数字化的时代,我们的生活越来越数字化,我们的生活日益离不开计数和基于数字技术的电脑、手机、网络等。追根究底,利用的仍然是人类最古老的数字思想。

二、数的诞生

数的形成与火的使用一样古老,大约是在30万年以前,它对于人类文明的意义绝不亚于火的使用。数字的诞生和人类对自然的认识以及生产活动有着密切的联系。人类是动物进化的产物,早期人类了解和需要传播的信息是很少的,因此他们并不需要语言和数字。但是随着人类文明的进步,需要表达的信息越来越多,不再是几种声音就能完全覆盖的。人类生活的经验,作为一种特定的信息,是那个时代最宝贵的财富。人类的祖先为了生存,往往几十人在一起,过着群居的生活,他们白天共同劳动,如搜捕野兽、飞禽或采集果薯食物,晚上住在洞穴里,共同享用劳动所得。在长期的共同劳动和生活中,他们能用简单的语言夹杂手势,来表达感情和交流思想。在漫长的生活实践中,记事和分配生活用品等方面的需要,不可避免地要遇到数的问题,人类便产生了"数"的朦胧概念。由于他们狩猎而归,猎物或有或无,于是便有了"有"与"无"两个概念。连续几天"无"兽可捕,就没有肉吃了,"有""无"的概念便逐渐加深。人类开始拥有一些食物和物件,便有了"多"和"少"的概念。后来,群居发展为部落,部落由一些成员很少的家庭组成。所谓"有",就分为"一""二""三""多"四种。任何大于"三"的数量,他们都理解为"多""一堆"或者"一群"。人们在生产活动中注意到在数量上的差异,后来他们利用双手来说清简单的数量,随着时间的推移就形成了"数"的概念。就这样,由于部落种群的数量、采集果实的数量、捕获猎物的数量越来越多,人类发达的大脑对客观世界的认识已达到理性和抽象的地步,"数"便成为人类思维开始的标志,数字便成为人类特有的知识,把形象事物利用数字进行思考和认识的时候,人类的抽象思想便开始了。

数的产生,标志着人类的思维逐步由事件的直观思维走向形式或抽象思维。当代科学界多称为数量的形式思维,标志着人们的思维由朴素的"低级"思维向"高级"思维发展。无疑,由此就形成了认识上的差别性。实际上,形式思维在于笼统性,事件的直观思维在于事件的具体性。

三、数的衍生

从数的诞生开始,一直发展到阿拉伯数字为止,我们发现这些数全都是自然数。但随着生产、生活的需要,人们发现,仅仅能表示自然数是远远不行的。如果分配猎获物时,5个人分4件东西,每个人该得多少呢?于是分数就产生了。中国对分数的研究比欧洲早1400多年,自然数、分数和零统称为算术数。自然数也称为正整数。随着社会的发展,人们又发现很多数量具有相反的意义,比如增加和减少、前进和后退、上升和下降、向东和向西。为了表示这样的量,又产生了负数。正整数、负整数和零统称为整数。如果再加上正分数和负分数,就统称为有理数。

后来,又有学者发现了一些无法用有理数表示的数。有这样一个故事:一个叫希帕索斯的学生画了一个边长为1的正方形。设对角线为x,根据勾股定理$x^2=1^2+1^2=2$,可见对角线是存在的,可它是多大呢?又该怎样表示它呢?希帕索斯等人百思不得其解,最后认定这是一个从未见过的新数。这就是后来人们发现的"无理数",这些数无法用准确的数字表示出来,它们是无限不循环小数,所以用根号"$\sqrt{}$"来表示。

有理数和无理数一起统称为实数。在实数范围内,对各种数的研究使数学理论达到了相当高深和丰富的程度。这时人类的历史已进入19世纪。许多人认为数学成就已经登峰造极,数字的形式也不会有什么新的发现了。但在解方程的时候常常需要开平方,如果被开方数是负数,这道题还有解吗?如果没有解,那数学运算就像走在死胡同中那样处处碰壁。于是数学家们就规定用符号"i"表示"-1"的平方根,即$i=\sqrt{-1}$,虚数就这样诞生了。"-1"成了虚数的单位。后人将实数和虚数结合起来,写成$a+bi$的形式(a、b均为实数),这就是复数。在很长一段时间里,人们在实际生活中找不到用虚数和复数表示的量,所以虚数总让人感到虚无缥缈。随着科学的发展,虚数在水力学、地图学和航空学上已经有了广泛的应用,在掌握和会使用虚数的科学家眼中,虚数一点也不"虚"了。

发展到虚数和复数以后,在很长一段时间内,连某些数学家也认为数的概念已经十分完善了,数学家族的成员都已经到齐了。可是1843年10月16日,英国数学家哈密尔顿又提出了"四元数"的概念。所谓四元数,就是一种形如$q=a+x\vec{i}+y\vec{j}+z\vec{k}$的数。它是由一个标量$a$(实数)和一个向量$x\vec{i}+y\vec{j}+z\vec{k}$(其中$x$、$y$、$z$为实数)组成的。四元数在数论、群论、量子理论以及相对论等方面有着广泛的应用。与此同时,人们还开展了对"多元数"理论的研究。多元数已超出了复数的范畴,人们称其为超复数。由于科学技术发展的需要,向量、张量、矩阵、群、环、域等概念不断产生,把数学研究推向新的高峰。这些概念也都应列入数字计算的范畴,但若归入超复数中不太合适,所以,人们将复数和超复数称为狭义数,把向量、张量、矩阵等概念称为广义数。尽管人们对数的归类法还有某些分歧,但在承认数的概念还会不断发展这一点上意见是一致的。到目前为止,数的家庭已发展得十分庞大。

【思考与练习】

1.谈谈你对数字的理解。

2.请简述一下,数字诞生的原因。

第二节　数字记数史

一、古代记数

由于交换活动的需要,人类社会早期就开始以物换物,交换者清楚地计算各自货物的数目,以确定是否等价合理。最早人们利用自己的十根手指来记数,亚里士多德曾说:"十进制的广泛采用,只不过是我们绝大多数人生来具有十根手指这一事实的结果。"当指头不敷应用时,人们开始采用"石子记数""刻痕记数"和"结绳记数"。在经历了数万年的发展后,直到距今 5000 多年前,才出现了书写记数及相应的记数系统。

(一)石子记数

当十根手指不够用来记数的时候,当时的人们就采用最常见的石子来记数,比如捕获了 1 头野兽,就用 1 块石子来代替,捕获了 3 头,就放 3 块石子。或者,先把石子按照手指的根数分成几堆,每堆 10 颗石子,这样就可以记 10 以上的数量了。在拉丁文中,"计算"一词写作"calculus",本意即为计算用的石子。石子记数虽说简单,但摆在地上的小石子,保存它们是件很难的事情。

(二)刻痕记数

1937 年在维斯托尼斯(摩拉维亚)发现一根 40 万年前的幼狼前肢骨,7 英寸长,上面有 55 道很深的刻痕,这是已发现的用刻痕方法记数的最早资料。直到今天,在欧洲、亚洲、非洲大陆的某些地方,仍然有一些牧人用在棒上刻痕的方法来计算他们的牲畜。例如,当时的人们每天早上都去放羊,先在树上刻痕迹,一道痕代表一只羊。晚上回来就用划痕核对,用这种方法就知道羊有没有少。

(三)结绳记数(事)

上古时期,人们使用"结绳记事"的方式来表示数量。绳子上有一个结表示发生了一件事,大结表示大事,小结表示小事,这种情况在印度和中国都有发生。时至今日,一些没有文字的民族仍然采用结绳来传播信息。《周易·系词》记载,"上古结绳而治,后世圣人易之以书契,百官以治,万民以实"。结绳记事是用绳子打结的方法把所要表达的意思记录下来,主要用来表达数量。绳子和结子的数目、大小、颜色以及结与结之间的距离都表示着不同数量含义,在一根绳子上打结来表示事物的多少,比如今天猎到 5 腔羊,就以在绳子上打 5 个结来表示;约定 3 天后再见面,就在绳子上打 3 个结,过一天解一个结。中国历史上的少数民族独龙族就是用绳子打结的办法来计算时间的,傈僳族人曾用结绳的方法来记账。不仅中国采用结绳记事,在古代,日本、波斯、埃及、墨西哥、秘鲁等都曾采用过结绳记事的方法。公元前 3000 年的壁画记载了埃及人用打结的绳子丈量土地和估算收获,传说古代波斯王打仗时也常用绳子打结来计算天数。

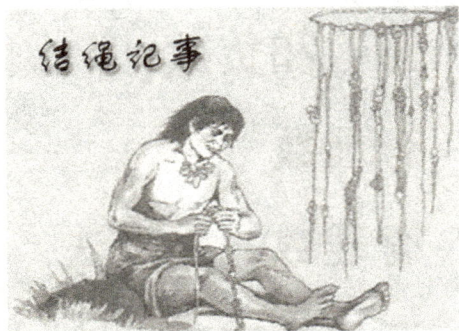

二、数字发展史

人们最早利用自己的十根指头来记数,当指头不敷应用时,人们开始采用"石子记数""刻痕记数"和"结绳记数"。在经历了数万年的发展之后,直到距今5000多年前,才出现了书写记数以及相应的记数系统。早期记数系统有:公元前3400年左右的古埃及象形数字,公元前2400年左右的巴比伦楔形数字,公元前1600年左右的中国甲骨文数字,公元前500年左右的希腊阿提卡数字,公元前500年左右的中国筹算数码,公元前300年左右的印度婆罗门数字以及年代不详的玛雅数字。这些记数系统采用不同的进制,其中除巴比伦楔形数字采用六十进制、玛雅数字采用二十进制外,其他均采用十进制。记数系统的出现使人类文明向前迈进了一大步。随着生产力的不断发展,数字不断完善,数学就逐渐发展起来。

(一)公元前3400年左右的古埃及象形数字

古埃及最早的数码是发现于石刻上的象形文符号,它使用十进位非位值制方法记数,每一个较高的单位用一个特殊符号表示。记数时也是依次重复排列这些符号,后来由于纸草书写的需要演化出两种变体:僧侣符号和民间符号。它们在记数时均采用一种逐级命数法,即对个位数、一百以内十的倍数、一千以内百的倍数等数目都有专门的符号,避免了重复排列,使记数较为简洁。

(二)公元前2400年左右的巴比伦楔形数字

巴比伦地区用泥板铭刻来记数,始于公元前三四千年,主要用于商业贸易交换和贮存货物登记。

(三)公元前 1600 年左右的中国甲骨文数字

中国最早的记数体系见于甲骨文,形成于公元前 16 至前 11 世纪,主要用于占卜祭祀,它是十进位非位值制数系,独立的符号共发现 13 个。记数时采用一种特别的乘法组合原则,将十、百、千、万作为单位词,对十以上的数目还多用合文并写。

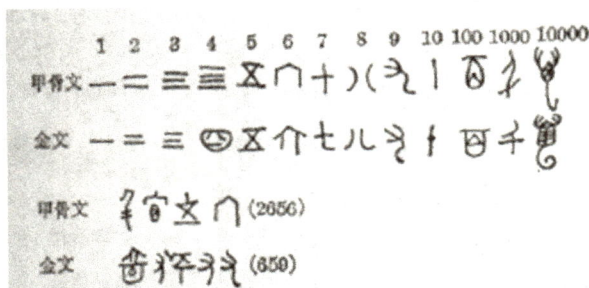

(四)公元前 500 年左右的希腊阿提卡数字

古希腊最早的数码发现于克里特岛,是公元前 1500 年左右泥板上使用的象形文字,记数靠重复排列。

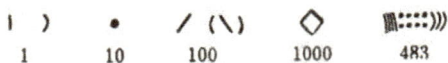

约到公元前 5 世纪,发展起一种阿提卡数码,它是将古希腊语中数词的词头取出代替该词以化简记数,仍采用重复排列法。

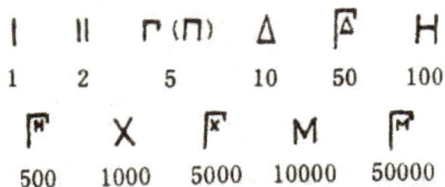

(五)公元前 500 年左右的古罗马数字

古代罗马的记数符号约与希腊阿提卡数码同期形成,它们的记数规则也类似,早期的罗马数字广泛应用于欧洲社会的各种事务中。罗马数字在 12 世纪印度—阿拉伯数码进入欧洲后逐渐被取代,但至今仍在一些特殊场合使用。

I	V	X	↓	⊖(C)	Ð	⊂⊃	⊞	⊞⊞
1	5	10	50	100	500	1000	10000	100000

后来定型为

I	V	X	L	C	D	M	LXXXIII
1	5	10	50	100	500	1000	83

(六)公元前500年左右的中国筹算数码

为方便计算,到公元前5世纪出现了一种称为算筹的计算工具。它是世界上最早使用十进位值制的数码体系,有纵、横两种布筹方法。为避免位数相混,记数时纵、横相间。在第一章第三节中我们将详细介绍中国筹算。

(七)公元前300年左右的印度婆罗门数字

古印度在公元前2500年左右出现了一种称为哈拉巴数码的铭文记数法,到了公元前300年左右通行两种数码:卡罗什奇数码和婆罗门数码。公元5世纪后印度数码中零的符号日益明确,使记数逐渐发展成十进位值制,例如公元8世纪后出现的德温那格利数码。印度数码约在公元9世纪传入阿拉伯地区,后来又在欧洲和世界各地普及,逐步发展成为现在通用的形式。

(八)年代不详的玛雅数字

玛雅人使用二十进位的数字系统,且用点和短横线(卵石与枝条)来表示数字。在玛雅人的记数系统里,一共只有3个基本的记数符号,小圆点用来表示1,小短横用来表示5,另外还有一个卵形记号,仅凭这3个基本符号,他们就写出了所有的自然数。

（九）公元初年中美洲地区记数法

中美洲地区的阿兹台克人和玛雅人在公元初年时记数都用二十进位制，但前者是非位值制，而后者则是严格的位值制，主要用于记载编年史。

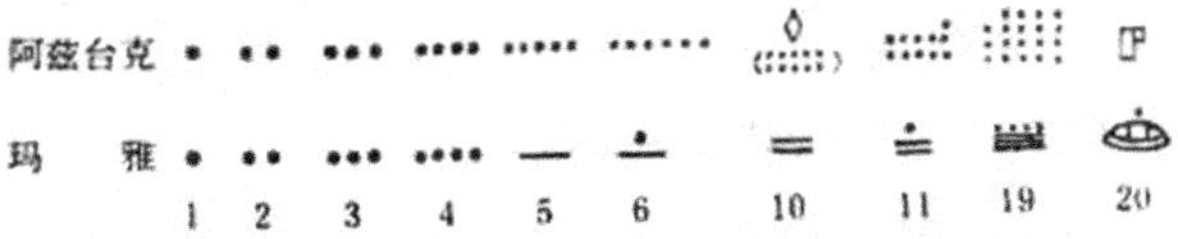

（十）公元 5 世纪左右出现的爱奥尼亚字母记数法

在古希腊，公元 5 世纪左右出现的爱奥尼亚字母记数法已发展成逐级命数体系，通常的形式如下图。为了与单词区别，数字上常加横线。

【思考与练习】

1. 本章我们学习了哪几种古代记数法，请分别对这几种记数法做简单阐述。

2. 数字的发展分哪几个阶段？其中在哪些年代上，有中国数字记数或记数工具的诞生？

第三节　古代计算工具

一、计算工具简介

在人类文明发展的历史上，中国曾经在早期计算工具的发明创造方面写过光辉的一页。远在商代，中国就创造了十进制记数方法，领先世界千余年。到了周代，发明了当时最先进的计算工具——算筹，计算每一个数学问题时，通常编出一套歌诀形式的算法，一边计算，一边不断地重新布棍。中国古代数学家祖冲之，就是利用算筹计算出圆周率在 3.1415926 和 3.1415927 之间，这一结果比西方早 1000 年。用算筹摆来摆去进行算术记数极为不便，人们又把算筹改为"珠算"进行计算,把珠子放入盘内表示要加的数,取出盘子里的珠子表示要减的数。用珠算计算,珠子容易滚动散失,于是,我国古代劳动人民进一步改进了珠算,把珠子串起来,并列地排起来,通过摆放或拨动珠子进行数值运算,这便是"算盘"。珠算盘是中国的又一独创,也是计算工具发展史上的第一项重大发明。这种轻巧灵活、携带方便、与人民生活关系密切的计算工具,最初大约出现于汉朝,到元朝时渐趋成熟。珠算不仅对中国经济的发展起过有益的作用,而且传到日本、朝鲜、东南亚等地区,经受了历史的考验,至今仍在使用。

二、算筹

原始社会时,我国已有了农业、牧业和原始手工业。进入奴隶社会商代时,在农牧业生产的推动下,我国开始了对天文和数学的研究,制定了较好的历法,并已使用了十进位记数法。最迟在春秋末年,我国劳动人民在生产实践中创造了一种简便的计算工具即算筹。《老子》中就有"善数者不用筹策"的记述。中国古代的算筹不仅是正、负整数与分数的四则运算和开方运算的工具,而且还包含着各种特定的演算。算筹是在珠算发明以前中国独创的最有效的计算工具。

算筹在中国古代是用来记数、列式和进行各种数与式演算的一种工具,又称筹、策、算子等。根据史书的记载和考古材料的发现,古代的算筹实际上是一根同样长短和粗细的小棍子,一般长约13cm,径粗约0.2cm,多用竹子制成,也有用木头、兽骨、象牙、金属等材料制成的,放在一个布袋里,系在腰部随身携带。需要计数和计算的时候,就把它们取出来。1971年在陕西千阳县出土的西汉时的骨质算筹,是目前所见到的我国最早的算筹实物,完好的有21根,每根长约13cm。为使用方便,后来算筹逐渐改短、增粗。据《隋书·律历表》记载,算筹改为长约8cm,径粗约0.5cm。

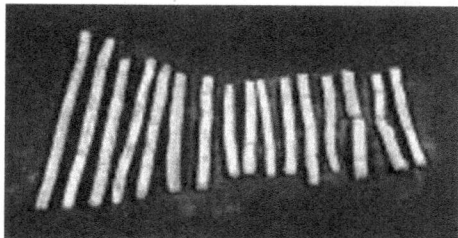

算筹虽是计算工具,而这种计算方法称为筹算。算筹的产生年代已不可考,但可以肯定的是筹算在春秋时代已很普遍,筹算直到元朝末年才逐渐为珠算所取代,中国古代数学就是在筹算的基础上取得其辉煌成就的。

为了使初学者对记数方法朗朗上口，《孙子算经》《夏侯阳算经》均编有押韵的顺口溜。前者记："凡算之法，先识其位。一纵十横，百立千僵，千十相望，万百相当。"后者又加了4句："满六以上，五在上方，六不积算，五不单张。"小于等于5的数，几根算筹就表示几；记6，7，8，9时用1根筹以1当5放在其他筹的上面。《孙子算经》前两句说明数位在记数中的重要意义，后4句说明自然记数法的一般规则：个位数用纵式，十位数用横式，从"一纵，百立，万百相当"可知百位、万位都用纵式。"僵"就是卧倒，"千十相望"，所以十位、千位都用横式，依次类推，交替使用纵、横两式。我国古代以算筹为工具，运用这种十进位制就能记出一切自然数。

用算筹记数有纵、横两种形式。

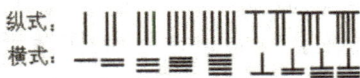

纵式：｜‖ ‖ ‖ ‖ ‖ T ⊤ Ⅲ Ⅲ
横式：— ＝ ≡ ≡ ≡ ⊥ ⊥ ⊤ ⊤

算筹记数采用位值原则，而且是十进制。记数的方法是："一纵十横，百立千僵，千十相望，万百相当。"意思就是说：个位、百位、万位……的数按纵式的数码摆出，十位、千位、十万位……的数按横式的数码摆出。

6221就摆成 ⊥‖＝｜，17738就摆成 ｜⊥Ⅱ≡Ⅲ

数码中没有0，凡遇0就以空位表示。自然数的四则计算，在古代也不是一件容易的事。我国古代用算筹记数，靠摆弄算筹进行。例如，456+789，首先用算筹列出456，然后由高位算起，依次把百位7、十位8、个位9加到各位上去。计算过程如下：

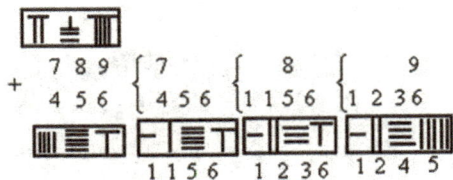

利用算筹进行运算时，要把排列着的算筹根据数的运算规则重新排列，而最后排列所表示的数就是运算的结果。到了宋、元时代，各种手工业、商业和对外贸易都有很大发展，对数学提出了日益繁重复杂的计算任务。大量的计算问题，要求计算既快又简便。在这种情况下，古代流传下来的筹算已经不适于用来完成这方面的任务了。这就使数学进一步发展，形成了13、14世纪我国民间数学的发展和算筹口诀化的特点。其中算法口诀化在由筹算演变到珠算过程中,具有很重要的地位。据历史记载,最迟在 15 世纪初期,珠算已经在当时社会上被广泛应用。

三、算盘

算盘是我们祖先(汉族劳动人民)创造发明的一种简便的计算工具,珠算盘起源于北宋时代,北宋串档算珠。中国是算盘的故乡,在计算机已被普遍使用的今天,古老的算盘不仅没有被废弃,反而因它的灵便、准确等优点,在许多国家方兴未艾。因此,人们往往把算盘的发明与中国古代四大发明相提并论,北宋名画《清明上河图》中赵太丞家药铺柜就画有一个算盘。由于珠算盘运算方便、快速,几千年来一直是汉族劳动人民普遍使用的计算工具,即使现代最先进的电子计算器也不能完全取代珠算盘的作用。联合国教科文组织刚刚在阿塞拜疆首都巴库宣布,珠算正式成为人类非物质文化遗产。这也是我国第 30 项被列为非物质文化遗产的项目。

算盘是中国人民的发明创造。珠算是运用算盘进行加、减、乘、除、开方等计算集资金的方法。算盘其形长方,周为木框,中植纵杆俗称"档",一般为九档、十一档至十五档,档中横木称"梁"。每档嵌珠子七枚,梁上二珠,每珠作数五;梁下五珠,每珠作数一。左档各珠皆为右档各珠之十倍。可依口诀,上下拨动算珠,进行数值计算,简捷迅速,是我国普遍使用的计算工具。

以下简单介绍下珠算的加减法口诀。

加法口诀

数值	不进位的加		进位的加	
	直加	满五加	进十加	破五进十加
一	一上一	一下五去四	一去九进一	
二	二上二	二下五去三	二去八进一	
三	三上三	三下五去二	三去七进一	
四	四上四	四下五去一	四去六进一	
五	五上五		五去五进一	
六	六上六		六去四进一	六上一去五进一
七	七上七		七去三进一	七上二去五进一
八	八上八		八去二进一	八上三去五进一
九	九上九		九去一进一	九上四去五进一

减法口诀

减数	不退位的减		退位的减	
	直减	破五减	退位减	退十补五的减
一	一下一	一上四去五	一退一还九	
二	二下二	二上三去五	二退一还八	
三	三下三	三上二去五	三退一还七	
四	四下四	四上一去五	四退一还六	
五	五下五		五退一还五	
六	六下六		六退一还四	六退一还五去一
七	七下七		七退一还三	七退一还五去二
八	八下八		八退一还二	八退一还五去三
九	九下九		九退一还一	九退一还五去四

算盘口诀解释:

口诀表中的"上""下""去"表示在本档拨珠,"进"表示向左一档进位拨珠,"退"表示向左一档退位拨珠。其中加法口诀可分四类:(1)直接加。即加数在本档直接加上,不变动已靠梁的算珠。只需按照加数拨珠靠梁,如一上一至九上九。(2)补五加。即本档下珠不够用,需要动用上珠,而把多加的数从下珠中减去,如二下五去三等。(3)进十加。两数相加的和满十或大于十时,本档的上、下珠不够用,就在本档拨去加数的补数,在左档进一,如一去九进一等。(4)破五进十加。两数相加的和超过十,进位时,本档下珠不够,"去九"的数,就要联系减法口诀中破五的方法,拨去上珠,加添下珠,再向左进一,如六上一去五进一等。以下对几个口诀举例解释。

"一上一":把下排的一颗珠子向上拨(上一)。适用情形:当前位置的数字是"0,1,2,3,5,6,7,8"。

"一下五去四":把上排的一颗珠子向下拨(下五),同时把下排的四颗珠子向下拨(去四)。适用情形:当前位置的数字是"4"。

"一去九进一":把上排的一颗珠子向上拨(去五),同时把下排的四颗珠子向下拨(去四),合称去九,然后在高一位的位置上加一(进一),完成进位计算。适用情形:当前位置的数字是"9"。

"七上七":把上排的一颗珠子向下拨(下五),同时把下排的两颗珠子向上拨(上二),合称上七。适用情形:当前位置的数字是"0,1,2"。

"七去三进一":把下排的三颗珠子向下拨(去三),然后在高一位的位置上加一(进一),完成进位计算。适用情形:当前位置的数字是"3,4,8,9"。

"七上二去五进一":把下排的两颗珠子向上拨(上二),同时把上排的一颗珠子向上拨(去五),然后在高一位的位置上加一(进一),完成进位计算。适用情形:当前位置的数字是"5,6,7"。

"六下六":当被减的本档数位上的珠数等于或大于六时,直接拨去六(拨去一颗上珠和一颗下珠)。

"六退一还四":当被减的本档数位上的珠数小于六时,要向前一位借一作十(退一,拨去一颗下珠),然后在本档位上拨上四(还四)。

"六退一还五去一":当被减的本档数位上的珠数是四个时,要向前一位借一作十(退一,拨去一颗下珠),然后在本档位上加上四(因本档位上原有四,所以变成四加四得八,因而变成了"还五去一")。

【思考与练习】

1.我国最早的圆周率计算结果比西方早1000年。请问是谁用的什么算法计算出来的?

2.作为我国古代具有代表性的两个计算工具算筹与算盘,请阐述一下它们的计算原理。

第四节　阿拉伯数字

一、阿拉伯数字的诞生

在本章第一节的内容中,介绍了数字的起源、十进位制的源头及其数字的发展状况。阿拉伯数字是现今国际通用数字,具有简便、独立、清楚、易懂等特点。它的使用,统一了数字记数方法,给数学的发展带来了极大的方便。它的诞生是人类文明史上一项卓越伟大的奇迹。

公元 500 年前后,随着经济、婆罗门文化的兴起和发展,印度次大陆西北部的旁遮普地区的数学一直处于领先地位。天文学家阿叶彼海特在简化数字方面有了新的突破:他把数字记在一个个格子里,如果第一格里有一个符号,比如是一个代表1的圆点,那么第二格里的同样圆点就表示10,而第三格里的圆点就代表100。这样,不仅是数字符号本身,而且它们所在的位置次序也同样拥有了重要意义。可以这么说,这些符号和表示方法是今天阿拉伯数字的老祖先了。

公元 3 世纪,古印度的一位科学家巴格达发明了阿拉伯数字。最早的记数最多到3,为了要设想"4"这个数字,就必须把2和2加起来,5是2加2加1,3这个数字是2加1得来的,大概较晚才出现了用手写的五指表示5这个数字和用双手的十指表示10这个数字。后来古编人在这个基础上加以改进,并发明了表达数字的1,2,3,4,5,6,7,8,9,0十个符号,这就成为今天记数的基础。公元 8 世纪印度出现了有零符号的最老刻版记录,当时称零为首那。

阿拉伯数字表

二、阿拉伯数字的传播

200 年后,团结在伊斯兰教下的阿拉伯人征服了周围的民族,建立了东起印度,西从非洲到西班牙的阿拉伯帝国。后来,这个伊斯兰大帝国分裂成东、西两个国家。由于这两个国家的各代君王都奖励文化和艺术,所以两国的首都都非常繁荣,而其中特别繁华的是东都——巴格达,西来的希腊文化,东来的印度文化都汇集到这里来了。阿拉伯人将两种文化理解消化,从而创造了独特的阿拉伯文化。

公元 700 年前后,阿拉伯人征服了旁遮普地区。他们吃惊地发现,被征服地区的数学比他们先进,于是他们设法吸收这些数字。公元 771 年,印度北部的数学家被抓到了阿拉伯的巴格达,被迫给当地人传授新的数学符号和体系,以及印度式的计算方法。由于印度数字和印度记数法既简单又方便,其优点远远超过了其他的计算法,阿拉伯的学者们很愿意学习这些先进知识,商人们也乐于采用这种方法去做生意。

后来,阿拉伯人把这种数字传入西班牙。公元 10 世纪,又由教皇热尔贝·奥里亚克传到欧洲其他国家。公元 1200 年左右,欧洲的学者正式采用了这些符号和体系。至公元 13 世纪,在意大利比萨的数学家费婆拿契的倡导下,普通欧洲人也开始采用阿拉伯数字,公元 15 世纪时这种现象已相当普遍。那时的阿拉伯数字的形状与现代的阿拉伯数字的形状尚不完全相同,只是比较接近而已,为使它们变成今天的 1,2,3,4,5,6,7,8,9,0 的书写方式,又有许多数学家花费了不少心血。

阿拉伯数字起源于印度,但却是经由阿拉伯人传向四方的,这就是后来人们误解阿拉伯数字是阿拉伯人发明的原因。阿拉伯数码尽管在公元 13 世纪就传入我国,但在当时闭关保守思想占主导地位的中国,是极不情愿认真采用的,而且史书上有记载,在某科举考场上还闹出了人命案。又由于我国古代有一种数字叫"算筹",写起来比较方便,所以阿拉伯数字当时在我国没有得到及时的推广运用。直到外国列强的炮火攻破中国的大门之后,在 1902—1905 年期间,随着我国对外国数学成就的吸收和引进,中国数学教科书(包括数学用表)才普遍使用阿拉伯数字。阿拉伯数字在我国才开始慢慢使用,阿拉伯数字在我国推广使用仅有 110 多年的历史。阿拉伯数字现在已成为人们学习、生活和交往中最常用的数字。

三、十进位制记数法

十进位制是指底数是"十"的进位制,是最常用的一种记数法。就整数而言,即以十为基础,逢十进一位,逢百进两位,逢千进三位,等等,从而把一个正整数从右到左分成个位数、十位数、百位数、千位数等等。这就是说,用十进位制所表示的各位的单位分别是一、十、百、千、万、……,即依次是 $10^0, 10^1, 10^2, 10^3, 10^4 \cdots\cdots$ 十进位制数 N 的通用表达式为:

$$N = a_k \times 10^k + a_{k-1} \times 10^{k-1} + \cdots + a_1 \times 10 + a_0$$

其中 $a_0, a_1, \cdots, a_k \in \{0, 1, 2, \cdots, 9\}(a_k \neq 0)$。通常把 N 简记作 $\overline{a_k a_{k-1} \cdots a_0}$,如果是具体的数还必须把上横线去掉,例如:

$$8 \times 10^4 + 7 \times 10^2 + 2 \times 10 + 5 = 8725$$

十进位制是人类祖先根据实际生活的需要,充分利用自身的天然条件,在不断积累和总结经验的基础上创造出来的。公元前 2000 年的古埃及和公元前 1600 年的中国商代甲骨文已有十进位制记数法。古埃及人发现的十进位制虽然说是世界上最早的,但它采用的是简单累数制而非位值制。在这种累数制中,每个较高的单位都用一个特殊的符号表示,记数时依次重复排列这些符号。中国人发明的十进位制是位值制的,全称为"十进位值制",即在每一个数里,其中一个数码表示什么数要由它所在的位置而定,例如 85 和 58 这两个数中都有数字 8,85 中的 8 在十位上表示 80,而 58 中的 8 在个位上表示 8。印度人在公元 595 年才在碑文上写有明确的十进位值制。因此对十进位制做出最早贡献的是古埃及与古代中国。

由于十进位制与人类自身的特点有着天然的联系(正常人的一双手有十个指头),因此很自然被人类生活广泛接受,并且成为人类文明生活中必不可缺的一部分。十进位制的发现是在数学发展过程中的第一块里程碑,是人类走向文明时代的推动器。十进位制在数学发展史上所起的伟大作用,得到后人的普遍赞誉。大思想家卡尔·马克思曾称赞说:十进位制记数法是人类"最美妙的发明之一"。

【思考与练习】

1. 阿拉伯数字不是阿拉伯人发明的,那是哪国人发明的呢? 又为什么取名阿拉伯数字?

2. 现在日常生活记数,都采用十进位制记数法。它与人类有着哪些天然的联系?

第五节　中国记数

一、中国数字

中国数字是世界上品种多、发源早、久用不衰的艺术珍品，是中华民族集体智慧和辛勤耕作的结晶。大约在3400年前，我国商朝遗留下来的甲骨文中，就有包括其意义分别表示当代1,2,3,4,5,6,7,8,9,10,100,1000,10000的数码记载。

中国习用的小写数字零、一、二、三、四、五、六、七、八、九、十、百、千、万的现代形式，大约是从汉代以后不断演变成的。不管是阿拉伯数字1,2,3……，还是所谓汉字小写数码一、二、三……，由于笔画简单，容易被涂改并伪编纂。所以一般文书和商业财务票据上的数字都要采用汉字大写数码：壹、贰、叁、肆、伍、陆、柒、捌、玖、拾、佰、仟、万、亿。大写数字是中国特有的数字书写方式，利用与数字同音的汉字取代数字。据考证，大写数字最早大约是唐代（公元936年）以后开始流行，距今已有1000多年的历史。目前最早可见的上述大写数字，出现在武则天的《岱岳观造像记》中。据明末清初的著名学者、考据家顾炎武所著《金石文字记·岱岳观造像记》，可知《岱岳观造像记》是武则天时期所树立的石碑，上面有大写数字。顾炎武考证说："凡数字作壹、贰、叁、肆、伍、陆、柒、捌、玖等，皆武后所改及自制字。"

在朱元璋执政的明朝初年，发生了一件重大的贪污案"郭桓案"。郭桓曾任户部侍郎，他利用职权，勾结地方官吏大肆侵吞政府钱粮，贪污累计达2400万石精粮，这个数字几乎和当时全国秋粮实征总数相等。此案牵连12个政府高官、6个部的政府官员和全国许多的大地主。朱元璋对此大为震惊，下令将郭桓等同案犯几万人斩首示众，同时执行了严格的惩治经济犯罪的法令，并在全国财物管理上实行了一些有效措施，其中较重要的一条就是把记载钱粮数字的汉字"一二三四五六七八九十百千"改为"壹贰叁肆伍陆柒捌玖拾佰仟"等，逐步地规范化成一套"大写数码"。数字的这种繁化写法一直沿用至今，今天在银行等处仍然可见这种大写数字。例如，"3564元"换成大写时，写作"叁仟伍佰陆拾肆圆"。

二、干支记数法

中国在上古时代就出现干支记数法,即干支是天干、地支的简称。天干有十个:甲、乙、丙、丁、戊、己、庚、辛、壬、癸,地支共有十二个(对应十二生肖):子(鼠)、丑(牛)、寅(虎)、卯(兔)、辰(龙)、巳(蛇)、午(马)、未(羊)、申(猴)、酉(鸡)、戌(狗)、亥(猪)。

天干和地支各不相属,但可将它们依次循环组合。组合时,以十干为主,自"甲"开始,依次与十二地支相配合。到第十支时,十支已全部配完,那么再从第一干开始与第十一支相配,依此类推,总共形成甲子、乙丑、丙寅、丁卯……直到壬戌、癸亥等六十个数,俗称"六十甲子"("花甲之年")。

六十甲子表

1 甲子	2 乙丑	3 丙寅	4 丁卯	5 戊辰	6 己巳	7 庚午	8 辛未	9 壬申	10 癸酉
11 甲戌	12 乙亥	13 丙子	14 丁丑	15 戊寅	16 己卯	17 庚辰	18 辛午	19 壬午	20 癸未
21 甲申	22 乙酉	23 丙戌	24 丁亥	25 戊子	26 己丑	27 庚寅	28 辛卯	29 壬辰	30 癸巳
31 甲午	32 乙未	33 丙申	34 丁酉	35 戊戌	36 己亥	37 庚子	38 辛丑	39 壬寅	40 癸卯
41 甲辰	42 乙巳	43 丙午	44 丁未	45 戊申	46 己酉	47 庚戌	48 辛亥	49 壬子	50 癸丑
51 甲寅	52 乙卯	53 丙辰	54 丁巳	55 戊午	56 己未	57 庚申	58 辛酉	59 壬戌	60 癸亥

中国古代通常用天干地支记数法来记时。按"六十甲子"排序,可以记录年、月、日和具体的时间。一个数代表一年,从甲子到癸亥,一共六十年,再从甲子开始,周而复始。于是,六十岁便是花甲之年。第一个甲子年是哪一年说法不一。中国历史上官方正式确认的第一个甲子年,是汉安帝延光三年甲子岁(124)。还有人认为,中国历史上第一个甲子年就是公元前2697年或者公元前2997年。

天干地支记数法记月,甲子月五年一轮回,共六十个月。甲子月在大雪到小寒期间。近几年的甲子月,2008年12月大雪到次年1月小寒,2013年12月大雪到次年1月小寒。古人还可以用地支来记月,每年正好十二个月,即正月为寅、二月为卯、三月为辰、四月为巳、五月为午、六月为未、七月为申、八月为酉、九月为戌、十月为亥、十一月为子、十二月为丑。

　　古人也用地支记时,古人把一昼夜划分成十二个时段,每一个时段叫一个时辰。十二时辰既可以指一天,也可以指任何一个时辰。十二时辰是古人根据一日间太阳出没的自然规律、天色的变化以及自己日常的生产活动、生活习惯归纳总结、独创于世的。

地支记时表

时辰	时 辰 详 解	具体时间
子时	夜半,又名子夜、中夜:十二时辰的第一个时辰	23 时至 01 时
丑时	鸡鸣,又名荒鸡:十二时辰的第二个时辰	01 时至 03 时
寅时	平旦,又称黎明、早晨、日旦等:时是夜与日的交替之际	03 时至 05 时
卯时	日出,又名日始、破晓、旭日等:指太阳刚刚露脸,冉冉初升的那段时间	05 时至 07 时
辰时	食时,又名早食等:古人"朝食"之时也就是吃早饭的时间	07 时至 09 时
巳时	隅中,又名日禺等:临近中午的时候称为隅中	09 时至 11 时
午时	日中,又名日正、中午等	11 时至 13 时
未时	日昳,又名日跌、日央等:太阳偏西为日跌	13 时至 15 时
申时	哺时,又名日铺、夕食等	15 时至 17 时
酉时	日入,又名日落、日沉、傍晚:意为太阳落山的时候	17 是至 19 时
戌时	黄昏,又名日夕、日暮、日晚等:此时太阳已经落山,天将黑未黑。天地昏黄,万物朦胧,故称黄昏	19 时至 21 时
亥时	人定,又名定昏等:此时夜色已深,人们也已经停止活动,安歇睡眠了。人定也就是人静	21 时至 23 时

　　中国古代会用刻来记时之后的单位时间。早些时候有百刻制,即把昼夜分成均衡的一百刻。其产生与漏刻的使用有关,可能起源于商代。汉时曾把它改造为百二十刻,南朝梁改为九十六刻、一百〇八刻。几经反复,直至明末欧洲天文学知识传入才又提出九十六刻制的改革,清初定为正式的制度,一直沿用至今,每个时辰分为八刻,又区分为上四刻、下四刻,一刻为现在的 15 分钟。

　　古代把晚上戌时作为一更,亥时作为二更,子时作为三更,丑时作为四更,寅时作为五更。把一夜分为五更,按更击鼓报时,又把每更分为五点。每更就是一个时辰,相当于现在的两个小时,即 120 分钟,所以每更里的每点只占 24 分钟。由此可见"四更造饭,五更开船"相当于现在的"后半夜1时至3时做饭,3时至5时开船"。"五更三点"相当于现在的早晨5时又72分钟,即 6 时 12 分,"三更四点"相当于现在的午夜1时又96分钟,即 2 时 36 分。

三、节气记时

古老的中国，人们通过观测天体运动来记时，来确定一年时间的长短，发明了二十四节气。二十四节气是根据太阳在黄道(即地球绕太阳公转的轨道)上的位置变化而制定的。二十四节气能反映季节的变化，指导农事活动，影响着千家万户的衣食住行。二十四节气是根据太阳在黄道上的位置来划分的。视太阳从春分点(黄经零度，此刻太阳垂直照射赤道)出发，每前进15度为一个节气，运行一周又回到春分点，为一回归年，合360度。

二十四节气表

节气	太阳黄经度数	所在公历日期
立春	315°	2月3—5日
雨水	330°	2月18—20日
惊蛰	345°	3月5—7日
春分	0°	3月20—21日
清明	15°	4月4—6日
谷雨	30°	4月19—20日
立夏	45°	5月5—7日
小满	60°	5月20—22日
芒种	75°	6月5—7日
夏至	90°	6月21—22日
小暑	105°	7月6—8日
大暑	120°	7月22—24日
立秋	135°	8月7—9日
处暑	150°	8月22—24日
白露	165°	9月7—9日
秋分	180°	9月22—24日
寒露	195°	10月8—9日
霜降	210°	10月23—24日
立冬	225°	11月7—8日
小雪	240°	11月22—23日
大雪	255°	12月6—8日

续　表

节气	太阳黄经度数	所在公历日期
冬至	270°	12 月 21—23 日
小寒	285°	1 月 5—7 日
大寒	300°	1 月 20—21 日

二十四节气是中国历法的独特创造,几千年来对推动中国农牧业发展起了重要作用。节气的名称最早出现在殷商时代,到西汉二十四节气便已完备了。随着中国历法的外传,二十四节气流传到世界各地。2016 年 11 月 30 日,二十四节气被正式列入联合国教科文组织人类非物质文化遗产代表作名录。在国际气象界,二十四节气被誉为"中国的第五大发明"。

古时把节气称"气",每月有两个气:前一个气叫"节气",后一个气叫"中气"。二十四节气按月分布情况如下表,它又同农历闰月的安排有着密切的关系。在农历中,以立春为二十四个节气的头一个节气。一年有二十四个节气,计十二个节和十二个气,即一个月之内有一节一气,每两节气相距平均约三十天又十分之四,而阴历每月之日数则为二十九天半,故约每三十四个月,必遇有两月仅有节而无气及有气而无节者。有节无气之月,即农历之闰月,有气无节之月不为闰月。下表为节气与农历月份关系表。

节气与农历月份关系表

季	春			夏			秋			冬		
月	正月	二月	三月	四月	五月	六月	七月	八月	九月	十月	冬月	腊月
节	立春	惊蛰	清明	立夏	芒种	小暑	立秋	白露	寒露	立冬	大雪	小寒
气	雨水	春分	谷雨	小满	夏至	大暑	处暑	秋分	霜降	小雪	冬至	大寒

民间有许多关于二十四节气的歌谣,它不仅仅反映了时令的自然现象,更重要的是可以利用这种现象来掌握农时、安排农事,这也被称为节气文化。下面欣赏一首最常见的二十四节气民歌。

二十四节气民歌

立春阳气转,雨水沿河边。惊蛰乌鸦叫,春分地皮干。

清明忙种麦,谷雨种大田。立夏鹅毛住,小满雀来全。

芒种开了铲,夏至不纳棉。小暑不算热,大暑三伏天。

立秋忙打靛,处暑动刀镰。白露烟上架,秋分不生田。

寒露不算冷,霜降变了天。立冬先封天,小雪河封严。

大雪交冬月,冬至数九天。小寒忙买办,大寒要过年。

【思考与练习】

1.大写数字至今还被广泛应用,它应用的领域有哪些? 它如此受欢迎,主要原因是它有怎样的特点?

2.你能列举出中国历史上有哪些事件是用干支记数法记录的吗?

3.你能说出现在的这个时间在哪两个节气之间吗?

第六节　二进制与八卦

一、二进位制

德国图灵根著名的郭塔王宫图书馆(Schlossbiliothke zu Gotha)保存着一份弥足珍贵的手稿,其标题为:"1 与 0,一切数字的神奇渊源。这是造物的秘密美妙的典范,因为,一切无非都来自上帝。"这是德国天才大师莱布尼茨(Gottfried Wilhelm Leibniz,1646—1716)的手迹。但是,关于这个神奇美妙的数字系统,莱布尼茨只写了几页异常精炼的描述。这份手稿完成的时候,莱布尼茨五十岁。毫无疑问,他是作为现代计算机技术的基础的二进制的发明者;而且,在此之前,或者与他同时,似乎没有一个人想到过这个问题。这在数学史上是很罕见的。

二进位制数的地位越来越重要,但一般人对二进位制数并不是很了解。所谓二进位制,就是指底数为"二"的进位制。在这种进位制中,只有 0 和 1 两个符号,0 仍代表"零",1 仍代表"一",但是"二"就没有数码代表了,只得向左相邻位进一,这样"逢二进一",就可以用 0 和 1 两个数码表示出一切正整数。二进位制数的一般表达式为:

$$(b_n b_{n-1} \cdots b_1 b_0)_2 = b_n \times 2^n + b_{n-1} \times 2^{n-1} + \cdots + b_1 \times 2 + b_0$$

其中, $b_i = 0$ 或 $1(i = 0,1,2,\cdots,n-1)$, $b_n = 1$ 。

例如: $(1111111111)_2 = 1 \times 2^9 + 1 \times 2^8 + \cdots + 1 \times 2 + 1$ 。

$(1100100)_2 = 1 \times 2^6 + 1 \times 2^5 + 0 \times 2^4 + 0 \times 2^3 + 1 \times 2^2 + 0 \times 2^1 + 0 \times 2^0$

莱布尼茨认为,早在几千年前,古老的中国就已经存在二进位制了。这里所谓古老的二进位制就是下面要介绍的《易经》中的八卦。莱布尼茨在推行二进位制时曾经形象地用 1 表示上帝,用 0 表示虚无,上帝从虚无中创造出所有的实物,恰好在数学中用1和0表示了所有的自然数。尽管这种象征叫人敬畏,但1和0这种小玩意在当时并没有引起人们的真正兴趣。这就是说,二进位制的读写与观察都不像十进位制数那样方便。因此莱布尼茨期望二进位制得到广泛应用的设想在他的有生之年根本无法实现,然而在他去世200多年的今天却能梦想成真,当今二进位制已成为电子计算机的中流砥柱。

二、中国八卦

八卦是中国文化的基本哲学概念,八卦概括起来就是"为人处事,逢凶化吉"八个字,是古代的阴阳学说。所谓八卦就是八个卦相。八卦是由太昊伏羲氏,也就是伏羲画出的。八卦其实是最早的文字,是文字符号。八卦代表易学文化,渗透在东亚文化的各个领域。根据中国民间传说,八卦起源于三皇五帝之首的伏羲,伏羲氏在天水卦台山始画八卦,一画开天。八卦的图形可以在我国的一些古建筑、寺庙和一些书籍中见到,韩国的国旗也借用了八卦的部分图案。

八卦有两种,最早的是"伏羲八卦",到了商朝才有"文王八卦"。伏羲八卦由分布在圆周上的八个方块构成,每一个方块都称为"卦"。卦有三层,每层都称为"爻(yáo)"。爻形只有两种:一长横的爻称为"阳爻",两短横的爻称为"阴爻"。读爻是由下而上。故乾卦由"阳阳阳"三爻叠成;兑卦序为二,由"阳阳阴"三爻叠成;离卦序为三,由"阳阴阳"三爻叠成;震卦序为四,由"阳阴阴"三爻叠成;巽卦序为五,由"阴阳阳"三爻叠成;坎卦序为六,由"阴阳阴"三爻叠成;艮卦序为七,由"阴阴阳"三爻叠成;坤卦序为八,由"阴阴阴"三爻叠成。八卦中的乾(qián)、震(zhèn)、坎(kǎn)、艮(gèn)为四阳卦,八卦中的坤(kūn)、巽(xùn)、离(lí)、兑(duì)为四阴卦,故称为八卦图。

八卦图

八卦表示事物自身变化的阴阳系统,一长横、两短横,用这两种符号,按照大自然的阴阳变化平行组合,组成八种不同形式。对于八卦不要有过多神秘色彩,它在中国文化中与阴阳、五行一样,是用来推演世界空间、时间各类事物关系的工具。每一卦形代表一定的事物,乾代表天,坤代表地,巽代表风,震代表雷,坎代表水,离代表火,艮代表山,兑代表泽。八卦就像八只无限无形的大口袋,把宇宙中万事万物都装进去了,八卦互相搭配又变成六十四卦,用来象征各种自然现象和人事现象,基于当今社会人事物繁多。以下介绍常见的几种表示不同事物的八卦。

宇宙观上:乾为天,坤为地,震为雷,巽为风,坎为水,离为火,艮为山,兑为泽。

家庭观上:乾父也,坤母也,震长男,巽长女,坎中男,离中女,艮少男,兑少女。

动物观上:乾为马,坤为牛,震为龙,巽为鸡,坎为豕,离为雉,艮为狗,兑为羊。

身体观上:乾为首,坤为腹,震为足,巽为股,坎为耳,离为目,艮为手,兑为口。

运动观上:乾健也,坤顺也,震动也,巽入也,坎陷也,离丽也,艮止也,兑说也。

权力观上:乾为君,坤为众。

三、八卦与二进制的关联

公元前 11 世纪的古书《周易》(也称易经)中记载:"易有太极,是生两仪,两仪生四象,四象生八卦。"太极含阴阳,阴阳一分为二,是故太极生两仪。太极生阴阳,一些武术家借用此词来引申到拳法中,如武术家孙禄堂就将动为阳、静为阴,合称动静为两仪。阴阳又生化成四象(四象即是四种形象,太阴、太阳、少阴、少阳)。然后再由此形成现实生活中具体的形象,八卦即是四象演变出来的。其意是:一分为二,二分为四,四分为八。如果将阳爻看作数字 1,阴爻看作数字 0,则前面所述的八卦所对应的二进位制数分别是:111,000,001,010,011,100,101,110。它们所对应的十进位制数分别是:7,0,1,2,3,4,5,6。

八卦是由八个符号构成的占卜系统,而这些符号分为间断的与连续的横线两种,被称为"阴""阳"的符号,在莱布尼茨眼中,就是他二进制的中国翻版。他感到这个来自古老中国文化的符号系统与他的二进制之间的关系实在太明显了,因此断言:二进制乃是具有世界普遍性的、最完美的逻辑语言。

【思考与练习】

1.请将此二进制 110010011 转化为十进制。

2.请你阐述一下,中国八卦的推演过程,并谈谈你对八卦的科学认识。

第七节　其他进位制记数法

一、八进位制

由于当代的数字电子计算机只能使用二进位制数,然而在计算机科学理论研究中,用二进位制记数数位又太多,使用起来很不方便,通常在编制计算机解题程序时,往往运用八进位制数。

所谓八进位制数,就是依据"逢八进一"(低位向高位进位)的法则,使用 0、1、2、3、4、5、6、7 这八个数字记数的记数法。在八进位制中,同一个数所在的位数相差一位,其值就有八倍之差。八进位制数的一般表达方式为:

$$(b_n b_{n-1} \cdots b_1 b_0)_8 = b_n \times 8^n + b_{n-1} \times 8^{n-1} + \cdots + b_1 \times 8 + b_0$$

其中 b_0 , b_1 ,$\cdots$, $b_n \in \{0,1,2,3,4,5,6,7\}$,而且 $b_n \neq 0$。

八进位制数与十进位制数之间的相互换算,类似于二进位制数与十进位制数之间的相互换算,这里不再详细介绍。

二、十二进位制

十二进位制就是指底数是"十二"的进位制。用十二进位制所得到的数的各位的单位分别是 12^0,12^1,12^2,$\cdots$。十二进位制流行于古代罗马人当中,十二进位制的起源之说有多种,其中一种说法是可能与人的一只手关节有关,除大拇指外,其余四个手指有十二个关节;又有一种说法是与一年有十二个月有关;还有一种说法是十二有六个约数:一、二、三、四、六、十二,而十只有四个约数:一、二、五、十。因此用十二做除法,整除的机会比用十做除法要多得多。单从分配的角度来说,一个单位数的因数越多越方便。在公元 18 世纪时大博物学家布丰曾经提议全世界普及十二进位制,然而十二进位制发展得远不如十进位制数那样完善却是事实。不过十二进位制在历史上肯定得宠过。如今在英美国家中习惯上还把十二件物品称为一打、十二寸的长度称为一尺、十二便士英镑称为一先令、十二金衡制盎司的贵金属称为一磅,还有钟面上设置有十二个小时的刻度等,实际上就是一种十二进位制的计数法。

三、十六进位制

十六进位制主要应用于实际生活中的计量单位,例如欧洲的 1 俄尺等于 16 俄寸,1 磅等于 16 英两,中国旧制 1 斤等于 16 两(俗称小两),在中国还有成语"半斤八两"(一样的意思)。十六进位制在中医药学中具有广泛的应用。在中医药的发展过程中,中药的计量单位,古代有质量(铢、两、分、钱、斤等)、度量(尺、寸等)及容量(斗、升、合)等多种计量法,用之量取不同的药物。随着古今度量衡制的变迁,后世多以质量作为计量固体药物的度量。明清以来,普遍采用十六进位制,即 1 斤等于 16 两又等于 160 钱。

随着社会的发展,我国现在中医药的计量单位也已统一采用十进位制。生药的计量采用公制,即 1kg＝1000g。国家计量部门规定,为了处方和配药特别是古方的配用需要进行换算时的方便,将十六进位制按如下的进似值进行换算:1 两(十六进位制)＝30g,1 钱＝3g,1 分＝0.3g,1 厘＝0.003g

四、六十进位制

六十进位制是指底数是"六十"的进位制。用六十进位制所得到的数的各位的单位分别是 60^0,60^1,60^2,…。六十进位制于是由地处亚洲西部的巴比伦(今伊拉克境内)人于公元前 2000 年前(距现在已有 4000 多年)首先创立的。古巴比伦人对天文学很有研究,1 个星期有 7 天是古巴比伦人提出来的,1 小时有 60 分、1 分有 60 秒是古巴比伦人提出来的;将圆周分为 360 度,每 1 度是 60 分,每 1 分是 60 秒也是古巴比伦人最早提出来的。因此古巴比伦人创建六十进位制记数法是顺理成章的事情。古巴比伦人为什么采用六十进位制?其起源有多种说法,其中一种说法是 60 是 1,2,3,4,5,6,10,12,15,20,30,60 的倍数,因此采用六十进位制比十进位制数更容易避开小数的复杂计算(例如在十进位制数中 1/3 就不能用有限小数表示)。第二种说法是与圆周分成 360 份有关。人们生动地解释道:对古代天文数学非常精通的古巴比伦人发现,太阳从东边地平线升起,西边地平线落下,这个运行轨道即是天穹的半圆。古巴比伦人把天穹半圆分为 180 等份,每等份就是太阳的"直径"叫作"度",天穹半圆是 180 度,整个圆周就是 360 度了,如今六十进位制使用的场合已经不是很多了,但时间、几何学中的角度等仍然沿用六十进位制。

非常有意思的事情是,如今跑步比赛的成绩是六十进位制与十进位制混合使用的,秒以上的单位用六十进位制(含秒),而秒以下的单位又用十进位制。习惯成自然,一直混合使用两种进位制,人们并没有感到多少不方便。

【思考与练习】

1.除本章讲的几种进制以外,你还能列举出我们日常生活中涉及的其他进制吗?

2.计算时间有许多进制,分别是哪些进制?

第八节　数字思维训练

一、九宫图

古代汉族天文学家将天宫以井字划分9个等份,在晚间从地上观天的七曜与星宿移动,可知方向及季节等资讯。对于古代天文学,九宫图非常重要。以正中的方位为中宫,对应四正四隅八宫方向。其方位观念亦广泛用于地理(九州观念)、军事(布阵行营)、书法及武术方面。

九宫图就是将1—9的数字按照一定的方式填入到3×3九格内,使每一行、每一列以及两条对角线上的和都分别相等。可将九个数字相加,除以行数,得出的数字就是每行数字的总和(称为魔数)。如下:

4	9	2
3	5	7
8	1	6

九宫图

古老的中国曾流传着一种奇特的算法"九宫算",然而,几经沧桑,这种古老的算法已被历史的尘埃深深埋及,多少学者查遍各种参考古籍,只有一个"九宫图"及"九宫算"的名称而已。《数术记遗》中还记载着这样一段话:"九宫算,五行参数,犹如循环,九宫者,即二四为肩,六八为足,左三右七,戴九履一,五居中央。"当然,仅从这些语句是无法看出九宫算当时是如何操作的。我们先不管古人是怎样计算的,我们直接来思考这样一个问题,九宫图是否真能利用起来进行计算? 为此,我们先准备好 5 个棋子,分别标上个、十、百、千、万,将它们放在九宫图之外围,如要计算 78+36,则将个位棋子放在 8 上,十位棋子放在 7 上,然后将个位棋子顺着数字大小次序行走,为了使行走不致错乱,我们以三三迷宫的形式将各数连起来。顺着连线,将个位棋子向前走 6 格,走到 9 时,将棋子移在外面作为一步(不过一旦走在外边,则将十位棋子向前走 1 步)。然后将棋子进入(一)接着走。最后走完 6 步时,正好走到 4 上。随后,将十位棋子向前走 3 步,到达外边(视为 0),但百位棋子随着十位棋子的外出,而进入(一)中,最后得到 104,从九宫中能直接读出。这种运算方式是原来的"九宫算"吗? 现在已经无法考证了。

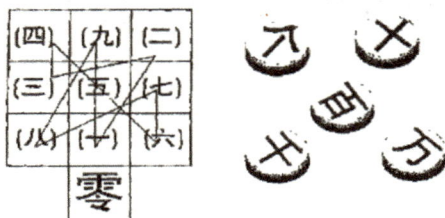

九宫算图

九宫图之后已经延伸成一种数字艺术,它可以无限延伸,因为有规律可循,据说有人做到 1999×1999,先看一下 4×4 宫图和 5×5 宫图。

16	02	03	13
05	11	10	08
09	07	06	12
04	14	15	01

4×4 宫图

17	24	01	08	15
23	05	07	14	16
04	06	13	20	22
10	12	19	21	03
11	18	25	02	09

5×5 宫图

二、数独

数独(英文名:Sudoku)一词来自日文,意思是"只出现一次的数字",是一种源自 18 世纪末的瑞士,先后传至美国、日本、英国等地,现在是风靡世界的一种数字智力拼图游戏。数独是一种运用纸、笔进行演算的逻辑游戏,数独盘面是个九宫,每 1 宫又分为 9 个小格。在这 81 格中给出一定的已知数字和解题条件,利用逻辑和推理,在其他的空格上填入 1—9 的数字,使 1—9 每个数字在每一行、每一列和每一宫中都只出现一次,所以又称"九宫格"。

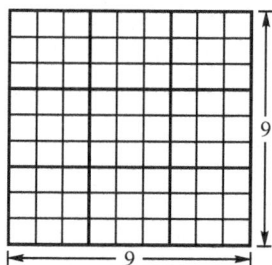

数独图

九宫格(即 3 格宽×3 格高)的正方形状,每一格又细分为一个小九宫格。

第一大行区块:由第一宫、第二宫、第三宫组成。

第二大行区块:由第四宫、第五宫、第六宫组成。

第三大行区块:由第七宫、第八宫、第九宫组成。

第一大列区块:由第一宫、第四宫、第七宫组成。

第二大列区块:由第二宫、第五宫、第八宫组成。

第三大列区块:由第三宫、第六宫、第九宫组成。

具体的数独游戏玩法,其九宫格的 9×9 个空格中已经有了若干个数字(亮数),玩家只需探索出余下空格的数字(暗数),使得:①整个大九宫格每一行都有 1,2,3,4,5,6,7,8,9 九个数字;②整个大九宫格每一列都有 1,2,3,4,5,6,7,8,9 九个数字;③每个小九宫格都有 1,2,3,4,5,6,7,8,9 九个数字。玩家需要根据 9×9 盘面上的已知数字,推理出所有剩余空格的数字,并满足每一行、每一列、每一个粗线宫内的数字均含 1—9,不重复。

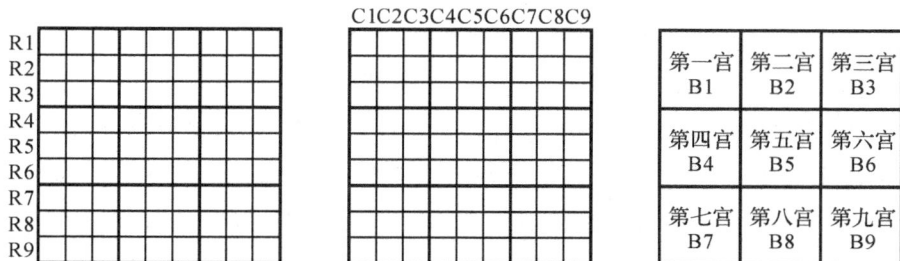

第一宫 B1	第二宫 B2	第三宫 B3
第四宫 B4	第五宫 B5	第六宫 B6
第七宫 B7	第八宫 B8	第九宫 B9

一般而言,一个数独试题有解,是指它只有唯一解,其他情况则都视为无解,这恐怕也是这款游戏取名数独的另一缘由。数独能受到世界范围内各种年龄阶层人们的广泛欢迎,是因为它具备了所有超级流行智力游戏应具备的全部条件:

一是能提供参与者成功的机会,从中获得满足感,并颇富挑战性。每填一个数,都需要人脑缜密严谨的分析和推理,当一个数独特别是具有相当难度的数独,经过你的辛勤思考并最终原貌尽现时,你不可能没有任何喜悦和成功的快感,这也是它能在世界范围流行的最重要原因。二是没有任何语言方面的限制,只需要用九个阿拉伯数字即可完成。三是规则简单,几乎一眼就能看懂规则。四是填数方法巧妙灵活、数独试题变化无穷。正是由于数独具有的起点低、入手快、思维的广度和深度颇富挑战性等与市面上流行的电脑游戏与众不同的特点,才使得数独一经传入我国便迅速流传开来。

【思考与练习】

1.九宫图里有一填图口诀,你能试试背一下吗?

2.下面有一道数独的题目,试试做一下吧!

			5					
6					2	7	5	1
1		9		3	6			
4	6	2	5		7	1		3
7						6	4	
8	1	9	4		2			5
		9		7			2	4
				4	9			7
	6							8

【学习贴士】

你偶尔会碰到的罗马数字

罗马数字是指古罗马人创造的数字。大约 2500 年前,罗马人是用手指作为计算工具的,为了表示 1,2,3,4 个物体,就分别伸出 1,2,3,4 根手指;表示 5 个物体就伸出一只手,表示 10 个物体就伸出两只手。当时,为了记录下这些数字,便在羊皮上画出Ⅰ,Ⅱ,Ⅲ来代表手指数;要表示一只手时,就画成"Ⅴ"表示大拇指与食指张开的形状;表示两只手时,就画成"ⅤⅤ"形,后来又演变成一只手向上,一只手向下的"X"形,这就是罗马数字的雏形。经过不断的改造与完善,后来为了表示较大的数,又用符号 C 表示 100(拉丁字 Centun 的头一个字母)、用符号 M 表示 1000(拉丁文 Mille 的第一个字母)、用符号 L 表示 50(字母 C 取一半变形)、用字母 D 表示 500,这样罗马数字就有了下列 7 个基本符号:

I	V	X	L	C	D	M
1	5	10	50	100	500	1000

这是五进位制和十进位制简单累数制的合用。有了这 7 个基本符号,其他的自然数便可以用以下要介绍的"重复几次""左右加减"和"加横线"的规则表示。

(1)重复几次,就等于该数扩大几倍。例如Ⅲ表示 3,ⅩⅩ表示 20,CCC表示 300 等。

(2)两个不同符号并列。若右边符号表示的数大于左边符号表示的数,则用"减法原则"即大减小的原则表示大数字减小数字的差。例如ⅠⅤ表示 5-1=4,ⅠⅩ表示 10-1=9 等。

若右边符号表示的数小于左边符号表示的数,则用"加法原则"即两数相加的原则,表示大数字加小数字的和。例如ⅤⅠ表示 5+1=6,ⅩⅤⅠ表示 10+5+1=16 等。

(3)在数字上加一条横线,则表示这个数字的 1000 倍。例如$\overline{V}$表示 5×1000=5000,$\overline{XIII}$表示 13×1000=13000 等。

尽管罗马数字在历史上所起的作用很大,而且在公元 12 世纪以前盛行于欧洲各国,但由于罗马数字及记数法都远远不如印度发明的阿拉伯数字及十进位制记数法方便,而且罗马数字的四则运算更加繁杂,因此它的记数功能以及数字运算不得不退出历史舞台。如今在某些场合下它还发挥着"余热"。譬如说,书本的卷数、章节的符号、人工制作精细的钟表数字等场合还能见到罗马数字。另外,在西方电影的发行者、制片人、导演、演员等名单上,最后的日期通常是使用罗马数字的,这样做的企图也许是让观众难以明白电影的真正拍摄时间,或者说表示庄重的意思。

第二章　数字人文

【本章描述】

在人文地理中使用数字来描述或命名非常常见,经过人们的妙笔,不但简单易懂,而且还有归纳总结之意。本篇将会介绍带有数字的诗词、对联、习俗和地理,会让人感觉,人文加上数字后,读起来朗朗上口、回味无穷,还会有身临其境的感觉,给人以美的享受。除此之外,还针对一些代表性国家数字文化做基本介绍,内容包括数字是文化载体、东西方吉祥数字文化、东西方禁忌数字文化及对中、日及俄罗斯数字文化等。

【具体要求】

1.背诵带有数字的诗词。

2.熟悉中国独有的带数字的词汇。

3.鉴赏数字中的对联。

4.熟悉带有数字的中国地名。

5.理解东西方代表性数字文化含义。

6.了解东西方吉祥数字与禁忌数字。

7.熟悉俄罗斯和日本数字文化渊源。

8.在国际化大背景下理解数字文化内涵为跨文化交际奠定基础。

第一节　数字诗词

一、数字诗词鉴赏

数字本身往往枯燥无味,但数字入诗则妙趣横生,别有一番韵味。简单的几个数字,经过诗人的妙笔,从一到十变得活泼生动,韵味无穷,使读者不但读起来朗朗上口,还会有身临其境的感觉,给人以美的享受。在数字诗中,一般每句诗都含有数字,可多可少,可大可小,可同可异,可实可虚。这些数字,与其他文字有机融合,浑然一体,富有奇妙的表现力。巧用数字作诗,在我国的诗海中不乏其例。在这里精选几首具有代表性的诗词,供大家品味。

诗词一:

山村咏怀

[北宋]邵康节

一去二三里,烟村四五家。

亭台六七座,八九十枝花。

【注释】作者在诗中巧妙地运用了从一至十这十个数词,给我们描绘了旅途风光,展示出了一幅朴实自然的乡村风俗画。从一到十,娓娓道来,读后一点也不觉得牵强。一个小孩,牵着妈妈的衣襟去姥姥家,一口气走出二三里;眼前要路过一个小村子,只有四五户人家,正在做午饭,家家冒炊烟。娘俩走累了,看见路边有的亭子里有六七处座位,便走过去歇脚;亭子外边,花开得繁茂,小孩越看越喜爱,伸出指头数,嘴里念叨着"八枝,九枝,十枝……"。他想折下一枝来,戴在自己的身上。他刚要动手,他的妈妈喝住他,说:"你折一枝,他折一枝,后边的人就不能看美丽的花儿了。"

诗词二：

咏　雪

[清]郑板桥

一片二片三四片，五六七八九十片，

千片万片无数片，飞入芦花都不见。

【注释】全诗几乎都是用数字堆砌起来的，从一至十至千至万至无数，丝毫没有累赘之嫌，读之使人宛如置身于大雪纷飞的广袤天地之中，但见一剪寒梅傲立雪中，斗寒吐妍，雪花融入梅花；人呢，也融入这雪花和梅花中了。这首诗开头平淡无奇，无聊地在数着什么，最后一句是点睛之笔，读来让人拍案叫绝。

诗词三：

咏　竹

[清]郑板桥

一二三枝竹竿，四五六片竹叶。

自然淡淡疏疏，何必重重叠叠。

【注释】以画竹而闻名的郑板桥也喜欢用数字入诗。他的数字诗《咏竹》可谓别出心裁：诗中只用了简简单单的几个数字，却写尽了竹子的风姿神韵。这首诗借物喻人，通过咏颂立根破岩中的劲竹，含蓄地表达了自己绝不随波逐流的高尚的思想情操。全诗语言质朴，寓意深刻。

诗词四：

题秋江独钓图

[清]王士祯

一蓑一笠一扁舟，一丈丝纶一寸钩。

一曲高歌一樽酒，一人独钓一江秋。

【注释】这是一首题画诗。王士祯应朋友邀请，为一幅古代名画《秋江独钓图》题诗。这首诗仿造画中的意境，描写秋江边渔人独钓的逍遥。全诗描写了一个渔夫打扮的人在江上垂钓的情形：一件蓑衣、一项斗笠、一叶轻舟、一支钓竿，垂钓者一面歌唱，一面饮酒，垂钓的潇洒被刻画得活灵活现。虽然独自钓起一江的秋意,但逍遥中不免深藏几许萧瑟和孤寂。

诗词五:

宫 词

[唐]张祜

故国三千里,深宫二十年。

一声何满子,双泪落君前。

【注释】这首诗总共只有二十个字。首句"故国三千里",是从空间着眼,写去家之远;次句"深宫二十年",是从时间下笔,写入宫之久。这两句诗,不仅有高度的概括性,而且有强烈的感染力;不仅把诗中女主角的千愁万恨一下子集中显示出来了,还进一层表达了她的愁恨。后半首诗转为写怨情,以一声悲歌、双泪齐落的事实,直截了当地写出了诗中人埋藏极深、积蓄已久的怨情。这个怨情,联系前两句看,绝对不是由于不得进见或失宠,而是对被夺去了幸福和自由的抗议,正如刘皂在一首《长门怨》中所说,"不是思君是恨君"。

诗词六:

双调·水仙子·夜雨

[元]徐再思

一声梧叶一声秋,一点芭蕉一点愁,三更归梦三更后。

落灯花,棋未收,叹新丰孤馆人留。

枕上十年事,江南二老忧,都到心头。

【注释】这是一首写游子思乡的小令。作者以极其流畅的语言将旅人思乡的感情表现得淋漓尽致,感人肺腑。开头三句,"一声梧叶一声秋,一点芭蕉一点愁,三更归梦三更后",写诗人在雨夜借宿他乡,半夜三更听到外边风吹梧桐叶、雨打芭蕉声,不禁愁肠百结,夜不能寐。古人云,一叶而知秋,更何况梧桐在古典诗词中又是凄凉悲伤的象征。第四、五句"落灯花,棋未收",写归梦忽醒,回到了独宿客舍的现实情景。最后三句,"枕上十年事,江南二老忧,都到心头",写雨夜梦醒,勾起作者无限的愁思。人生的酸甜苦辣一时涌上心头,回想平生成败的经历,他仿佛看到和妻子在枕上喁喁细语的景象,看到双亲在家里为他担惊受怕的愁容。

二、趣谈数字诗

明代作家吴承恩写有一首咏夜景的诗,意境十分开阔:

> 十里长亭无客走,九重天上现星辰。
>
> 八河船只皆收港,七千州县尽关门。
>
> 六宫五府回官宅,四海三江罢钓轮。
>
> 两座楼台钟鼓响,一轮明月满乾坤。

全诗巧妙地运用了十个数字,给我们展示了一幅景色宜人的夜景。

西汉时,蜀中才子司马相如去西安,在城北郊小石桥旁对送行的妻子卓文君立誓:"不高车驷马,不复此过。"多情而美丽的卓文君听了却深为忧虑。一天,正当卓文君泪湿衣襟时,京城来了一位官差给卓文君送来一封烙有火印的信,大白纸上写着:"一二三四五六七八九十百千万。"卓文君看罢,明白司马相如有意,以此来刁难她。于是,卓文君挥笔写了一封回信,巧妙地将信上的数字先顺后倒联结成两首诗:

> 一别之后,二地相悬,只说是三四月,又谁知五六年,七弦琴无心弹,八行书无可传,九连环从中折断,十里长亭望眼欲穿,百思想,千系念,万般无奈把郎怨。
>
> 万语千言说不尽,百无聊赖十依栏,重九登高看孤雁,八月中秋月圆人不圆,七月半烧香秉烛问苍天,六月伏天人人摇扇我心寒。五月石榴如火偏遇阵阵冷雨浇花端,四月枇杷未黄我欲对镜心意乱。忽匆匆,三月桃花随水转。飘零零,二月风筝线儿断。唉!郎呀郎,巴不得下一世你为女来我为男。

司马相如拆信一看,十分羞愧,深感对不起才华出众、多情多义的妻子,遂用高车驷马接回了卓文君。

清乾隆朝进士李调元出任江浙主考官时,应苏杭六才子之邀,夜游杭州西湖。六才子想看看主考官的水平,让他作诗两首,把数字一至十按顺序填进一首诗中,然后再将数字倒过来排列,另作一首。李调元不愧为进士,略一思忖,便出口成诗:

> 一名大乔二小乔,三寸金莲四寸腰。
>
> 买得五六七色粉,打扮八九十分娇。

尽管说的稍有些俗气,但诗中形象地描绘出三国时东吴美女大乔和小乔的婀娜多姿,六才子听了连声叫绝。李调元扫视了一下六才子,又吟道:

> 十九月亮八分圆,七个才子六个癫。
>
> 五更四点鸡三唱,怀抱二月一枕眠。

此诗以数字倒排,各种意境融入诗中,将六个弄巧成拙的才子挖苦得入木三分。

北宋文豪苏东坡不仅善于作诗,而且还喜欢画画。一次,他画了一幅题为《百鸟归巢图》的画后,他的诗友利用数字为此画题了这样一首诗:

> 天生一只又一只,三四五六七八只。
>
> 凤凰何少鸟何多,啄尽人间千万石。

不难看出下列的"数学含义",即首句含有"1+1＝2"的算式。第二句则包含着"3×4+5×6+7×8＝98"的算式。而这两道算式所得之数的和是100,正好同画题之中"百鸟"的"百"相吻合。由此可见,这首诗不但富有文学韵味,而且还蕴含数学情趣,再加上题写在画上,"三味"合为一体,令人赏心悦目。

清代徐子云《数谜诗》中也包含着计算的特点:

> 巍巍古寺在山林,不知寺内几多僧。
>
> 三百六十四只碗,看看用尽不差争。
>
> 三人共食一碗饭,四人共吃一碗羹。
>
> 请问先生明算者,算来寺内几多僧。

这是一首特殊的数谜诗,出自清人徐子云所著的《算法大成》。这首诗是一道数学题。诗句的意思是:寺内有三百六十四只碗,如果三个和尚共吃一碗饭,四个和尚共吃一碗羹,刚好够用,问寺内共有和尚多少个? 解:设寺僧数为 x 个,那么吃饭的碗总数是 $x/3$ 个,吃羹的碗总数是 $x/4$ 个。根据一共有 364 只碗,可列出方程: $x/3+x/4＝364$,解得: $x＝624$。

三、数字讽刺诗

无论古今,对社会的忧患使文人们写出了多少讽刺诗! 这里摘取几首数字讽刺诗,用数字讽刺有了多少精确、多少奇妙、多少生动啊! 可其中也饱含着诗人多少忧虑、多少心酸、多少无奈! 希望几首数字讽刺诗能使大家会心一笑。

纪晓岚曾讽刺无能官员坐吃国家俸禄的诗:

> 鹅鹅鹅鹅鹅鹅鹅,一鹅一鹅又一鹅。

食尽皇家千种粟,凤凰何少尔何多?

传说有个叫"张打油"的农民,他用数字作了一首《骂菩萨》的打油诗,形象传神,脍炙人口。也是十个数字入诗,把菩萨刻画得淋漓尽致、诙谐无度,令人忍俊不禁:

一本正经,二目无光。

三餐不食,四体不勤。

五谷不分,六神无主。

七窍不通,八面威风。

九(久)坐不动,十足无能。

20世纪40年代国民党统治区的老百姓生活艰难,重庆一家晚报便登过一首描绘教师穷困的诗:

一身平价布,两袖粉笔灰。

三餐吃不饱,四季常皱眉。

五更就起床,六堂要你吹。

七日一星期,八方逛几回?

九天不发饷,十家皆断炊。

吃喝风古今有之,今人一首直白诗《公款吃喝》何等形象、何等生动:

一摆二三桌,每月四五回。

来客六七位,八九十人陪。

辛亥革命后,北伐军统治中国,总统年年更换,战争天天不断,弄得民不聊生、苦不堪言、社会传出诗曰:

一年二三换,选举四五茬。

战争六七次,八九十为灾。

抗日战争时期,国民党政府以抗日为名,在乡村大肆抓丁拉夫,一些乡丁兵痞斜背长枪,耀武扬威,横行乡里,敲诈勒索,民众恨入骨髓。人们以诗戏之:

一来二三茬,恐吓四五家。

敲诈六七个,八九十人骂。

民国末年,国民党政府乱印钞票,票额大到万元,物价飞涨,一天几个价,钱不如纸。民众怨声载道:

一天二三变,钞票四五万。

换米六七斤,八九十家怨。

中华人民共和国成立后,农民当家做了主人,收回了土地所有权,耕种自己的土地,个个喜气洋洋。人们即兴作诗曰:

一去二三里,稻麦四五地。

收成六七倍,八九十人喜。

四、含数字的名句

自 2016 年 2 月 12 日以来,央视首档全民参与的诗词节目《中国诗词大会》,深受国人喜爱,掀起了一股诗词热潮。诗词节目带动全民重温那些曾经学过的古诗词,分享诗词之美,感受诗词之趣,从古人的智慧和情怀中汲取营养,涵养心灵。

该节目力求通过对诗词知识的比拼及赏析诗词之美来"赏中华诗词、寻文化基因、品生活之美"。从节目里搜集出一些带有数字的诗词,供大家欣赏。

一条雪浪吼巫峡,千里火云烧益州。(李商隐)

一丛深色花,十户中人赋。(白居易)

一千里色中秋月,十万军声半夜潮。(赵 嘏)

三十功名尘与土,八千里路云和月。(岳 飞)

三万里河东入海,五千仞岳上摩天。(陆 游)

飞流直下三千尺,疑是银河落九天。(李 白)

千山鸟飞绝,万径人踪灭。(柳宗元)

斑竹一枝千滴泪,红霞万朵百重衣。(毛泽东)

坐地日行八万里,巡天遥看一千河。(毛泽东)

万行流别泪,九折切惊魂。(骆宾王)

两个黄鹂鸣翠柳,一行白鹭上青天。(杜 甫)

窗含西岭千秋雪,门泊东吴万里船。(杜 甫)

重湖叠巘清嘉,有三秋桂子,十里荷花。(柳 永)

九万里风鹏正举,风休住,蓬舟吹取三山去。(李清照)

烟柳画桥,风帘翠幕,参差十万人家。(柳 永)

三杯两盏淡酒,怎敌他晚来风急。(李清照)

但愿人长久,千里共婵娟。(苏 轼)

心似双丝网,中有千千结。(张 先)

寸寸柔肠,盈盈粉泪。(欧阳修)

花自飘零水自流，一种相思，两处闲愁。（李清照）

十年生死两茫茫，不思量，自难忘。（苏　轼）

【思考与练习】

1. 试背诵五首带数字的诗词。

2. 和身边的同学一起玩一次数字诗词接龙。

第二节　数字对联

一、数字对联鉴赏

对联是中国优秀传统文化之一。它源远流长，具有悠久而辉煌的历史。在构思方面它讲究精巧，字词选用方面它追求奇特，具有丰富而绚丽的内涵和鲜明而独特的风格。数字对联是对联的一种，将数字巧嵌于对联中，数字与文字对联交相辉映，将数学演算引入对联之中，能启迪人们的思维智慧，激发读者的兴趣爱好，特别是那些构思奇巧的数字对联，读后令人叹为观止。使数量词在对联中有特殊意义，用数量词组成对联的特点有：创造形象和意境、加大对仗难度、进行数学运算、数字合称词阐释、连续嵌入自然数等。

（一）嵌数隐字联

吕蒙正题春联：

上联：二三四五；

下联：六七八九。

横批：南北。

【注释】这是一副巧嵌数字又兼用隐字法的巧趣联。传说宋代吕蒙正对贫穷现象十分愤慨，常用对联来抒发自己胸中的不平。有一年，他别出心裁，创作了这一副由数字组成的春联。上联四个数字，从小到大，按顺序排列，但缺"一"；下联也是四个数字，从小到大，按顺序排列，但缺"十"；横批两个方位词，则少"东西"二字。用谐音读出来，就是缺"一（衣）"少"十（食）"无"东西"，幽默有趣中无不嘲弄了当时社会黑暗的现象，揭示了人们缺衣少食的现状，表达了对封建统治者的不满和愤懑。

（二）数字复用联

1.清九江关总督唐英题苏州三笑亭联：

　　　上联:桥跨虎溪,三教三源流,三人三笑语;

　　　下联:莲开僧舍,一花一世界,一叶一如来。

【注释】上联复用"三"字,"三教",指儒、释、道三教;"三人",指崇奉儒教的陶渊明、崇奉佛教的慧远、崇奉道教的陆修静。下联复用"一"字,"一花",指菩提花;"一世界",指佛家谓过去现在将来为一世,东西南北上下为一界;"一叶",指禅宗的一个宗派;"如来",指释迦牟尼。此联为后人写陶、陆、慧远三人谈儒论道,流连忘返,留下言谈三笑的故事。联语以"一"对"三",工整独到,境界优美,颇具意味。

2.纪晓岚贺乾隆八十寿联：

上联:龙飞五十有五年,庆一时,五数合天,五数合地,五事修,五福备,五世同堂,五色斑斓辉彩服;

下联:鹤算八旬逢八月,祝万寿,八千为春,八千为秋,八元进,八恺登,八音从律,八风缥缈奏丹墀。

【注释】清朝乾隆五十五年八月,乾隆帝八旬万寿,尚书彭元瑞所撰长联。联致贺。"龙飞":指皇帝在位。"五事":古代修身的五件事。《书·洪范》:"五事:一曰貌,二曰言,三曰视,四曰听,五曰思,貌曰恭,言曰从,视曰明,听曰聪,思曰睿。""五色":青、赤、白、黑、黄五种颜色,古代以五者为正色。"鹤算":指寿高。"八元":指传说中高辛氏的八个才德之士。"八恺":指传说中高阳氏的八个才德之士。"八音":指金、石、土、革、丝、木、匏、竹等古代乐器。"八风":八方之风。"丹墀":旧时宫殿前的石阶。上联连用八个与"五"有关的词语,盛赞乾隆皇帝在位五十五年的典盛业绩。下联连用八个与"八"相关的词语,恭贺乾隆八十寿诞,联语叠字叠词,恰切典雅,极为壮丽,歌功颂德,赞颂备至。

（三）量词、隐含数代数联

祝枝山对沈周联：

　　　　上联:孤舟两桨片帆,游遍五湖四海;

　　　　下联:一塔七层八面,观尽万水千山。

【注释】一日,沈周与祝枝山同舟游玩,祝即兴出上联,沈脱口对出下联。出句与对句各嵌有五个数字。"孤"为隐含数、"片"为量词,有数的意思。此联可谓用数精巧。

(四)奇偶数联

上联：两枪二鸟双跌下；

下联：孤身一人独行中。

【注释】上联"两""二""双"皆为偶数，下联"孤"（隐含一）、"一"、"独"（隐含一）皆为奇数，可谓巧对。

(五)数字哑谜联

徐文长巧对知府联：

上联：六塔重重，四面七棱八角；

下联：一掌平平，五指两短三长。

【注释】杭州知府听人称徐文长为"天下才子"，派人将他找来，扬扬得意地吟出此上联，命他应对。徐文长听后，并不答言，只是向知府举起一只手摇了摇。知府以为徐对不出，并问道："你为何不对？"徐文长答道："你是口出上联，我是手对下联，扬起手掌，就是说'一掌平平，五指两短三长'。"徐文长如此解释，知府哑口无言。

(六)数字顺序排列联

旧时贪官衙门联：

上联：一心为民，二袖清风，三思而行，四方太平，五谷丰登；

下联：六欲有节，七情有度，八面兼顾，九居得范，十分廉明。

横批：福荫百姓。

【注释】此联讲的是，从前有一个县官贪赃枉法却又喜自我标榜清廉。某年大年三十晚上，在县衙门上贴了一副自我标榜的对联。谁知，大年初一早晨，就有人在他的红对联上，贴上重新写的白对联。白对联写道：

上联：十年寒窗，九载熬油，八进科场，七品到手，六亲不认；

下联：五官不正，四蹄不羁，三餐饱食，二话不说，一心捞钱。

横批：苦熬万民。

【注释】贪官本想用民众所喜欢的对联装饰自己，却被人妙联反戈。贪官原写联从上联到下联，从小到大，从"一"到"十"，按顺序递增排列，乃贪官自我吹嘘、自我标榜。别人改写联，从上联到下联，从大到小，从"十"到"一"，按逆序递减排列，淋漓尽致地描画了县官贪赃枉法的丑恶嘴脸。一顺一逆，十分有趣。

（七）数字逆序排列联

1.苏轼巧对主考官联：

上联：一叶小舟，载着二三位考生，走了四五六日水路，七颠八倒到九江，十分来迟。

下联：十年寒窗，读了八九卷诗书，赶过七六五个考场，四番三往到二门，一定要进。

【注释】宋代著名文学家苏轼早年乘船赶考，因途中遇风浪，误时迟到，主考官出此上联，若苏轼对出，便允许破例入试。苏轼见主考官上联按顺序用数，便倒序用数对之。上联生动幽默，写尽赶考途中之情景；下联妙用"倒序式"把个人辛苦耕读、求考心切的情景表现了出来。有情有景、有过程、有经历，曲折而不呆板，堪为巧对。

2.徐文长对主考官联：

上联：一叶孤舟，坐二三个墨客，启用四桨五帆，经过六滩七弯，历尽八颠九簸，可叹十分来迟；

下联：十年寒窗，进九八家书院，抛却七情六欲，苦读五经四书，考了三番二次，今年一定要中。

【注释】无独有偶。明代才子、著名书画家和文学家徐文长，亦赶考迟到，当时，主考官给徐文长出此数字顺序排列的上联，若能对出，方允许入试。徐文长略加思索，对出数字逆序排列的下联。主考官阅后，点头称妙。徐文长入试，果然考中。

（八）数字无序排列联

1.四川成都武侯祠对联：

上联：一生唯谨慎，七擒南渡，六出北征，何期五丈崩摧，九伐志能尊教受；

下联：十倍荷襄荣，八阵名成，两川福被，所合四方精锐，三分功定属元勋。

【注释】这副对联用"一"至"十"十个数字，概写了诸葛亮的生平事迹、谨慎的性格特征及其所建立的功业。作者按形式服务内容的要求，将十个数字嵌入对联时，不按数字大小排序，却以诸葛亮的生平为序：七擒孟获，六出祁山，五丈原殉职，其一生谨言慎行之品，恪职尽忠之心，为万代楷模。而其排布八阵之图，泽被西蜀之福，广纳四方精英，成三国鼎立之势，其深谋远虑之智，丰功伟业之荣，令千秋景仰。

2.黄庭坚对少年船夫：

上联：驾一叶扁舟，荡二双桨，支三四片篷，作五六个客，过七里滩，到八里

湖,离开九江已有十里;

下联:开二人小店,摆一张桌,放七八只凳,来三四买主,喝五两酒,吃六盘菜,付钱十元找回九分。

【注释】北宋时期,江西籍贯文学家黄庭坚,乘船出行。船夫闻黄庭坚很有才华,便出此上联。黄庭坚见上联从小到大,从"一"到"十",按顺序递增排列十个数字,稍思片刻,对出下联。下联也用"一"到"十",只是排列无序,也可谓构思奇巧,清新明快,情趣盎然。

二、名地数字联

名地数字联是指张贴、悬挂、雕刻于风景名胜处的带有数字的对联。其内容大多为题写该名胜景观(如山水楼台、文物古迹等),或者与它密切相关的人、事等。这类对联往往成为名胜景观甚至历史文化的重要组成部分。名胜联可分为山水园林、寺庵庙观、殿阁亭台、院舍堂馆、碑塔墓窟等若干子类,不一而足。

1.扬州二十四桥有一联:

上联:胜地据淮南,看云影当空,与水平分秋一色;

下联:扁舟过桥下,闻箫声何吹,有人吹到月三更。

2.济南大明湖有一联:

上联:四面荷花三面柳;

下联:一城山色半城湖。

3.青岛崂山钓鱼台有副奇特的数字联:

上联:一蓑一笠一髯翁,一丈长杆一寸钩;

下联:一山一水一明月,一人独钓一海秋。

4.湖北隆中三顾堂悬的一副楹联:

上联:两表酬三顾;

下联:一对足千秋。

5.四川眉山市三苏祠联:

上联:一门父子三词客;

下联:千古文章四大家。

6.颐和园知春堂联:

上联:七宝栏杆千岁古;

下联:十洲烟景四时花。

7.昆明大观楼联：

> 上联：千秋怀抱三杯酒；
>
> 下联：万里云上一水楼。

8.北戴河沈园有一对数字联：

> 上联：车千乘，马千匹，强弩千张，统百万雄师指麾如意；
>
> 下联：酒一斗，茶一瓯，围棋一局，约二三知己畅叙幽情。

9.庐山东林寺联：

> 上联：桥跨虎溪，三教三源流，三人三笑语；
>
> 下联：莲开僧舍，一花一世界，一叶一如来。

10.晋祠圣母殿联：

> 上联：溉汾西千顷田三分南七分北浩浩同流数十里淆之不浊；
>
> 下联：出瓮山一片石冷于夏温于冬冽冽有本亿万年与世长清。

11.海州云台山寺联：

> 上联：世外凭临一面峰峦三面海；
>
> 下联：云中结构二分人力几分天。

12.碧波寺联：

> 上联：三千里外一条水；
>
> 下联：十二时中两度潮。

13.西湖平湖秋月联：

> 上联：万顷湖平长似镜；
>
> 下联：四时月好最宜秋。

14.扬州迎月楼联：

> 上联：春风阆苑三千客；
>
> 下联：明月扬州第一楼。

15.扬州濯清堂联：

> 上联：十分春水双檐影；
>
> 下联：百叶莲花七里香。

三、对联中的数学

在我国古代，人们常常作对联（即对对子）以咏物喻事。有时，在对联中巧妙地运用一些数字，可以产生特殊的效果，使对联增色不少。更为奇妙的是，有的对联中还有趣味十足的数学题呢！传说有一次，北宋大诗人苏东坡去金山寺给

他的老朋友佛印禅师祝寿,即兴为佛印禅师写了一副寿联:

> 上联:花甲一周尚余半百岁月;
>
> 下联:古稀双庆犹欠三十春秋。

【注释】上联中的"花甲"指 60 岁,"半百"指 50 岁,这样可以计算出佛印禅师的年龄是:60+50=110(岁)。下联中的"古稀"指 70 岁,"双庆"指两个 70 岁,"犹欠"指还差、还缺的意思,缺多少? 30。这也可以计算出佛印禅师的年龄是:70×2−30=110(岁)。

无独有偶。清代乾隆皇帝也曾出过这样的上联,暗指一位老人的年龄,要纪晓岚对下联,联中也隐含这个数。

> 上联:花甲重开,外加三七岁月;
>
> 下联:古稀双庆,内多一个春秋。

【注释】这副对联上联的算式:2×60+37=141(岁)。下联的算式:2×70+1=141(岁)。

峨眉山仙峰寺联:

> 上联:北斗七星三四点;
>
> 下联:南山万寿十千年。

【注释】上联用加法写北斗:3+4=7;下联用乘法写南山之寿:10×1000=10000。

苏小妹巧对佛印联:

> 上联:五百罗汉渡江,岸畔波心千佛子;
>
> 下联:一个佳人对月,人间天上两婵娟。

上下联均用乘法,"五百"之倍是千,"一"之两倍为"两"。构思奇特,运算巧步,诙谐有趣,堪称佳作(此联亦说苏轼对佛印)。

再欣赏两副巧妙的数字对联。

上联:洛水元龟初献瑞,阴数九,阳数九,九九八十一数,数通乎道,道合元始天尊,一诚有感;

下联:岐山丹凤两呈祥,雄鸣六,雌鸣六,六六三十六声,声闻于天,天生嘉靖皇帝,万寿无疆。

这是明世庙斋醮对联,是袁炜所撰(见明·沈德符《万历野获编》)。世庙斋醮对联又一本云:

上联:撰灵蓍之草以成文,天数五,地数五,五五二十五数,数生于道,道合元始天尊,尊无二上;

下联:截嶰竹之筒以协律,阳声六,阴声六,六六三十六声,声闻于天,天生嘉靖皇帝,帝统万年。

此联词句与前联大同小异,据传是夏言手笔。

数学家华罗庚1953年随中国科学院出国考察途中所作一联。团长为钱三强,团员有大气物理学家赵九章教授等十余人,途中闲暇,为增添旅行乐趣,便出一联。

> 上联:三强韩赵魏;
>
> 下联:九章勾股弦。

"三强",一指钱三强,二指战国时韩赵魏三大强国;"九章",既指赵九章,又指我国古代数学名著《九章算术》。该书首次记载了我国数学家发现的勾股定理。全联数字相对,平仄相应,古今相连,总分结合。

四川一座乡村中学,一对数学教师结为夫妇。在元旦结婚之日,工会赠一副贺联云:

> 上联:世事再纷繁,加减乘除算尽;
>
> 下联:宇宙虽广大,点线面体包完。

某地一对新人,男的当会计,女的做医生,完婚之日,有人赠贺联一副:

> 上联:会计合数检验误差重合数;
>
> 下联:医生开方已知病根再开方。

嵌入"合数""开方"等数学名词,天衣无缝。

某市一对数学教师,几经波折,终于结为秦晋之好。同事撰一联相贺,联云:

> 上联:爱情如几何曲线;
>
> 下联:幸福似小数循环。

"几何曲线"形象地表述了这对数学教师爱情历经坎坷曲折,"小数循环"是一个无穷无尽的数值,借此祝贺新人美满幸福,天长地久,实在是神来之笔。

【思考与练习】

1. 你能举例说出几种类型的数字联?

2. 背诵五对名人、名地的数字联。

3. 试着自己作一副对仗工整的数字联。

第三节　数字词汇

一、传统文化中的数字

（一）五行之说

五行是华夏民族创造的哲学思想，多用于哲学、中医学和占卜方面等。五行学说是华夏文明的重要组成部分。古代先民认为，天下万物皆由五类元素组成，分别是金、木、水、火、土，彼此之间存在相生相克的关系。五行是指木、火、土、金、水五种物质的运动变化。所以，在中国，"五行"有悠久的历史渊源。"五行"中的"行"，它来自《易经》中乾卦的"天行健"这句话，这个"行"是代表运动的意思，就是"动能"，宇宙间物质最大的互相关系，就在这个动能。

五行相生相克图

在五行相生关系中，任何一行都具有"生我"和"我生"两方面的关系。《难经》将此关系比喻为母子关系："生我"者为母，"我生"者为子。因此，五行相生，实际上是指五行中的某一行对其子行的资生、促进和助长。如以火为例，由于木生火，故"生我"者为木，木为火之"母"；由于火生土，故"我生"者为土，土为火之"子"。木与火是母子关系，火与土也是母子关系。五行学说是古代思想家解释宇宙万物生成的朴素唯物论的理论，对中国古代天文、历数、医学等的发展起了一定作用。《春秋繁露》中有《五行相生》篇,解释五行相生的道理,并附会了一些社会历史方面的内容。

五行相生相克	注 释
木生火	是因为木性温暖,火隐伏其中,钻木而生火,所以木生火
火生土	是因为火灼热,所以能够焚烧木,木被焚烧后就变成灰烬,灰即土,所以火生土
土生金	因为金需要隐藏在石里,依附着山,津润而生,聚土成山,有山必生石,所以土生金
金生水	因为少阴之气(金气)温润流泽,金靠水生,销锻金也可变为水,所以金生水
水生木	因为水温润而使树木生长出来,所以水生木
金克木	因为金属铸造的割切工具可锯毁树木(有矿的土地不长草)
木克土	因为树根吸收土中的营养,以补己用,树木强壮了,土壤如果得不到补充,自然削弱
土克水	因为土能防水(兵来将挡,水来土掩)
水克火	因为火遇水便熄灭
火克金	因为烈火能融化金属

(二)中华民族传统节日

传统节日形成,是一个民族或国家历史文化长期积淀凝聚的过程。中国传统节日多种多样,是中国悠久历史文化的一个重要组成部分。从远古先民时期发展而来的中华传统节日清晰地记录着中华民族丰富而多彩的社会生活文化内容。节日的起源和发展,是人类社会逐渐形成、逐渐完善的文化过程,是文明进化发展的产物。中国的传统节日,承载着神话、传说、天文、地理、术数、历法等人文与自然文化内容。文献记录至少可以追溯到《夏小正》《尚书》,到战国时期,一年中划分的二十四个节气已基本齐备完成,传统节日都和这些节气密切相关。

节日名称	节日时间	节日名称	节日时间
新年	正月初一	中秋节	八月十五
元宵节	正月十五	重阳节	九月初九
上巳节	三月初三	寒衣节	十月初一
寒食节	清明节前一天	下元节	十月十五

续 表

节日名称	节日时间	节日名称	节日时间
清明节	4月5日前后	腊八节	腊月初八
端午节	五月初五	冬至节	12月22日前后
七夕节	七月初七	祭灶节	腊月廿三或廿四
中元节	七月十五	除夕	腊月廿九或三十

(三)年龄称谓

在阅读古文的过程中,经常会碰到一些表达年龄称谓的词,如"弱冠""耄耋"等。往往有些人对此很费解。其实类似这样的词还有很多,都是我们在阅读古文的过程中所必须了解的知识。古人的年龄称谓来源不一,大多根据不同年龄的生理特征而命名,但也有一些是因沿袭前人所言而成为固定称谓的。当然,古代年龄称谓并不止这些,还有许多散见于各类古书中,因较少使用而未被流传下来。上面所述这些因使用频率高,生命力强而被后人沿用了下来。还有些已经进入了我们的日常交际之中,如"三十而立""四十不惑"等。

年龄称谓是古代指代年龄的称呼,古人的年龄有时不用数字表示,不直接说出某人多少岁或自己多少岁,而是月一种与年龄有关的称谓来代替。年龄称谓大多是记载在书籍之中,然后被沿用至今。

年龄称谓表

年龄称谓	实际年龄	注 释
垂髫	三四岁至八九岁的儿童	髫是古代儿童头上下垂的短发
总角	八九岁至十三四岁的少年	古代儿童将头发分作左右两半,在头顶各扎成一个结,形如两个羊角,故称"总角"
豆蔻	十三四岁至十五六岁	唐·杜牧《赠别》诗:"娉娉袅袅十三余,豆蔻梢头二月初。"故特指女孩子十三四岁
束发	指男子十五岁	到了十五岁,男子要把原先的总角解散,扎成一束

续　表

年龄称谓	实际年龄	注　释
弱冠	指男子二十岁	古代男子二十岁行冠礼,表示已经成人,因为还没达到壮年,故称"弱冠"
而立	指男子三十岁	《论语·为政》里孔子曰:"吾十有五而志于学,三十而立,四十而不惑,五十而知天命,六十而耳顺,七十而从心所欲。"
不惑	指男子四十岁	
知命	指男子五十岁	
花甲、耳顺	指六十岁	天干地支配合用来纪年,从甲起,六十年成一周,因此称六十岁为花甲
古稀	指七十岁	杜甫有诗曰:"酒债寻常行处有,人生七十古来稀。"
耄耋	指八十岁	《礼记·曲礼》说:"八十九十曰耋。""耄耋"是指人的高寿,大约是"七老八十"了
鲐背之年	指九十岁	鲐是一种鱼,背上的斑纹如同老人褶皱的皮肤
期颐	指一百岁	《礼记·曲礼上》:"百年曰期颐。""期颐"是人寿至"百岁"的特称

二、古籍经典中的数字

(一)三十六计

《三十六计》或称"三十六策",是指中国古代三十六个兵法策略,源于南北朝,成书于明清。它是根据中国古代汉族军事思想和丰富的斗争经验总结而成的兵书,是汉民族悠久的非物质文化遗产之一。"三十六计"一语,先于著书之年,语源可考自南朝宋将檀道济(？—436),据《南齐书·王敬则传》:"檀公三十六策,走为上计,汝父子唯应走耳。"意为败局已定,无可挽回,唯有退却,方是上策。此语后人赓相沿用,宋代惠洪《冷斋夜话》:"三十六计,走为上计。"及明末清初,引用此语的人更多,于是有心人采集群书,编纂成《三十六计》。但此书为何时何人所撰已难确考。原书按计名排列,共分六套,即胜战计、敌战计、攻战计、混战计、并战计、败战计。前三套是处于优势所用之计,后三套是处于劣势所用之计。每套各包含六计,总共三十六计。其中每计名称后的解说,均系依据《易经》中的阴阳变化之理及古代兵家刚柔、奇正、攻防、彼己、虚实、主客等对立关系相互转化的思想推演而成,含有朴素的军事辩证法的因素。

三十六计依序为金蝉脱壳、抛砖引玉、借刀杀人、以逸待劳、擒贼擒王、趁火打劫、关门捉贼、浑水摸鱼、打草惊蛇、瞒天过海、反间计、笑里藏刀、顺手牵羊、调虎离山、李代桃僵、指桑骂槐、隔岸观火、树上开花、暗渡陈仓、走为上、假痴不癫、欲擒故纵、釜底抽薪、空城计、苦肉计、远交近攻、反客为主、上屋抽梯、偷梁换柱、无中生有、美人计、借尸还魂、声东击西、围魏救赵、连环计、假道伐虢。

（二）一百单八将

一百单八将,指四大名著之一《水浒传》中梁山泊上的一百零八个头领,由天罡星三十六员和地煞星七十二员组成。天罡、地煞为道教神名。按民间信仰神明的分类,将将军分为天上三十六天罡的天兵凶神,地上七十二地煞的地兵恶煞,两者都被称为"神将"。这一百零八人性格各异,各有所长,结局不同,是我国文学史上的经典人物群像。《水浒传》同时也是描绘人物最多的小说之一。

在道家法录中,有结合三十六天罡及七十二地煞的神将地兵,共同驱邪除祟的法术。三十六天罡、七十二地煞源于中国古代对北斗的崇拜,而所谓的天将就是天宫的神将,负责保护天宫和众仙的安全,在术法和武功上都有相当的造诣。在中国古代神话中,天将的地位并不高,大概只相当于人间守护皇宫的卫士。传统的说法,在天宫当值的有三十六天将,姓名则有很多版本,来自中国神话小说或是民间传说等等,不一而足。和人间的卫士不同,为了突出天仙的地位,在古代传说涉及天将的各类绘本中,天将大多穿着华丽的金甲,身体周围有五彩霞光缭绕,身形也非常魁梧,给人以极大的华丽感和稳重感。

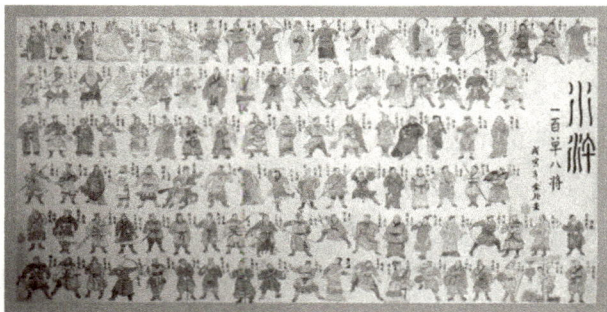

一百单八将图

三十六天罡,又称三十六天将,源于古代中国人民对北斗的崇拜。天将就是天宫的神将,负责保护天宫和众仙的安全,在术法和武功上都有相当的造诣。

三十六天罡座次表

座次	星宿	诨名	姓名	梁山泊职位	座次	星宿	诨名	姓名	梁山泊职位
1	天魁星	及时雨、呼保义	宋江	总兵都头领	20	天速星	神行太保	戴宗	总探声息头领
2	天罡星	玉麒麟	卢俊义		21	天异星	赤发鬼	刘唐	步军头领
3	天机星	智多星	吴用	掌管机密军师	22	天杀星	黑旋风	李逵	
4	天闲星	入云龙	公孙胜		23	天微星	九纹龙	史进	马军五虎将左军大将
5	天勇星	大刀	关胜	马军八骠骑兼先锋使	24	天究星	没遮拦	穆弘	
6	天雄星	豹子头	林冲	马军五虎将右军大将	25	天退星	插翅虎	雷横	步军头领
7	天猛星	霹雳火	秦明	马军五虎将先锋大将	26	天寿星	混江龙	李俊	
8	天威星	双鞭	呼延灼	马军五虎将合后大将	27	天剑星	立地太岁	阮小二	
9	天英星	小李广	花荣	马军八骠骑兼先锋使	28	天平星/天竟星	船火儿	张横	
10	天贵星	小旋风	柴进	掌管钱粮头领	29	天罪星	短命二郎	阮小五	水军头领
11	天富星	扑天雕	李应		30	天损星	浪里白条/浪里白跳	张顺	
12	天满星	美髯公	朱仝	马军八骠骑兼先锋使	31	天败星	活阎罗	阮小七	
13	天孤星	花和尚	鲁智深	步军头领	32	天牢星	病关索	杨雄	
14	天伤星	行者	武松		33	天慧星	拼命三郎	石秀	
15	天立星	双枪将	董平	马军五虎将虎军大将	34	天暴星	两头蛇	解珍	步军头领
16	天捷星	没羽箭	张清	马军八骠骑兼先锋使	35	天哭星	双尾蝎	解宝	
17	天暗星	青面兽	杨志		36	天巧星	浪子	燕青	
18	天祐星/天佑星	金枪手	徐宁						
19	天空星	急先锋	索超						

七十二地煞是指道教称北斗丛星中有七十二个地煞星。《水浒传》中，因以

附会梁山泊中的七十二个头领,此情节在开头首引有介绍。

七十二地煞座次表

座次	星宿	绰号	姓名	梁山泊职位	座次	星宿	绰号	姓名	梁山泊职位
37	地魁星	神机军师	朱武	大副军师	74	地异星	白面郎君	郑天寿	步军将校
38	地煞星	镇三山	黄信		75	地理星	九尾龟	陶宗旺	城垣筑造监督
39	地勇星	病尉迟	孙立		76	地俊星	铁扇子	宋清	宴会筹备
40	地杰星	丑郡马	宣赞		77	地乐星	铁叫子	乐和	机密传达
41	地雄星	井木犴	郝思文		78	地捷星	花项虎	龚旺	
42	地威星	百胜将	韩滔	小彪将兼斥候	79	地速星	中箭虎	丁得孙	步军将校
43	地英星	天目将	彭玘		80	地镇星	小遮拦	穆春	
44	地奇星	圣水将/圣水将军	单廷珪		81	地嵇星/地羁星/地稽星	操刀鬼	曹正	牲畜屠杀
45	地猛星	神火将/神火将军	魏定国		82	地魔星	云里金刚	宋万	
46	地文星	圣手书生	萧让	文书作成	83	地妖星	摸着天	杜迁	步军将校
47	地正星	铁面孔目	裴宣	论功赏罚	84	地幽星	病大虫	薛永	
48	地阔星	摩云金翅	欧鹏		85	地伏星	金眼彪	施恩	
49	地阖星	火眼狻猊	邓飞		86	地僻星	打虎将	李忠	
50	地强星	锦毛虎	燕顺	小彪将兼斥候	87	地空星	小霸王	周通	小彪将兼斥候
51	地暗星	锦豹子	杨林		88	地孤星	金钱豹子	汤隆	武器甲胄制造
52	地轴星/地辅星	轰天雷	凌振	大小号炮制造	89	地全星	鬼脸儿	杜兴	闵山酒店
53	地会星	神算子	蒋敬	金钱粮食会计	90	地短星	出林龙	邹渊	步军将校
54	地佐星	小温侯	吕方	中军守护骑兵骁将	91	地角星	独角龙	邹润	
55	地祐星/地佑星	赛仁贵	郭盛		92	地囚星	旱地忽律	朱贵	南山酒店

续表

座次	星宿	绰号	姓名	梁山泊职位	座次	星宿	绰号	姓名	梁山泊职位
56	地灵星	神医	安道全	内外科医生	93	地藏星	笑面虎	朱富	酿造·供应
57	地兽星	紫髯伯	皇甫端	兽医	94	地平星	铁臂膊	蔡福	刽子手
58	地微星	矮脚虎	王英	三军内务检查	95	地损星	一枝花	蔡庆	
59	地慧星/地彗星	一丈青	扈三娘		96	地奴星	催命判官	李立	北山酒店
60	地暴星	丧门神	鲍旭	步军将校	97	地察星	青眼虎	李云	家屋建筑修理
61	地然星	混世魔王	樊瑞		98	地恶星	没面目	焦挺	步军将校
62	地猖星	毛头星	孔明	中军守护步兵骁将	99	地丑星	石将军	石勇	
63	地狂星	独火星	孔亮		100	地数星	小尉迟	孙新	东山酒店
64	地飞星	八臂哪吒	项充	兵符印信制作	101	地阴星	母大虫	顾大嫂	
65	地走星	飞天大圣	李衮		102	地刑星	菜园子	张青	西山酒店
66	地巧星	玉臂匠	金大坚	步军将校	103	地壮星	母夜叉/母药叉	孙二娘	
67	地明星	铁笛仙	马麟	小彪将兼斥候	104	地劣星	活闪婆/霍闪婆	王定六	北山酒店
68	地进星	出洞蛟	童威	水军头领	105	地健星	险道神	郁保四	帅字旗捧持
69	地退星	翻江蜃	童猛		106	地耗星	白日鼠	白胜	机密传达
70	地满星	玉幡竿	孟康	造船监督	107	地贼星	鼓上蚤	时迁	
71	地遂星	通臂猿	侯健	旗帜衣服制作	108	地狗星	金毛犬	段景住	
72	地周星	跳涧虎	陈达	小彪将兼斥候					
73	地隐星	白花蛇	杨春						

（三）二十四史

二十四史,是中国古代各朝撰写的二十四部史书的总称。由于《史记》的写法被历来的朝代纳为正式的历史写作手法,故将和《史记》一样用纪传体写作的史书称为"正史"。它上起传说中的黄帝(约前2550),止于明朝崇祯十七年(1644),计3213卷,约4000万字,用统一的本纪、列传的纪传体编写。1921年,中华民国大总统徐世昌下令将《新元史》列入正史,与"二十四史"合称为"二十五史",而多数地方不将《新元史》列入,而改将《清史稿》列为"二十五史"之一,如果将两书都列入正史,则形成了"二十六史"。

二十四史表

序 号	书 名	作 者	序 号	书 名	作 者
1	《史记》	西汉·司马迁	13	《隋书》	唐·魏徵等
2	《汉书》	东汉·班固	14	《南史》	唐·李延寿
3	《后汉书》	南朝·范晔	15	《北史》	唐·李延寿
4	《三国志》	西晋·陈寿	16	《旧唐书》	后晋·刘昫等
5	《晋书》	唐·房玄龄等	17	《新唐书》	宋·欧阳修、宋祁
6	《宋书》	梁·沈约	18	《旧五代史》	宋·薛居正等
7	《南齐书》	梁·萧子显	19	《新五代史》	宋·欧阳修
8	《梁书》	唐·姚思廉	20	《宋史》	元·脱脱等
9	《陈书》	唐·姚思廉	21	《辽史》	元·脱脱等
10	《魏书》	北齐·魏收	22	《金史》	元·脱脱等
11	《北齐书》	唐·李百药	23	《元史》	明·宋濂、王祎等
12	《周书》	唐·令狐德棻等	24	《明史》	清·张廷玉等

(四)十三经

十三经是指在南宋形成的十三部儒家经典,分别是《诗经》《尚书》《周礼》《仪礼》《礼记》《易经》《左传》《公羊传》《穀梁传》《论语》《尔雅》《孝经》《孟子》。儒家文化在封建时代居于主导地位,《十三经》作为儒家文化的经典,其地位之高、影响之深广,是其他任何典籍都无法比拟的。最高统治者不但从中寻找治国平天下的方针大计,而且对臣民思想的规范、伦理道德的确立、民风民俗的导向,无一不依从儒家经典。儒家经典对社会的影响无时不在,无处不在。要了解和研究中国封建社会的方方面面,不能不阅读《十三经》。

"十三经"是传世文献的始祖,是儒家思想文化的源头、主干。它的内容博大精深,囊括了传统文化的诸多方面:诸如天人合一的思维模式,天下为公的大同理想,以民为本的治国原则,和谐人际的伦理主张,自强不息的奋斗精神,等等。这些思想、精神中的精华渗透在民族的性格与心理之中,具有强大的凝聚力,至今仍有积极的影响。陕西关中一带,是周秦汉唐等13个朝代的都城所在地,是当时的经济、文化中心,它经历了经学的繁荣和发展,经历了经学的鼎盛时期。西安一带文化遗存十分丰富,著名的唐开成石经藏于西安碑林。

三、中国数字习语

数字习语是指含有数字的习惯用语。数字除了记数功能外还寓意着种种神秘的文化含义或现象。在汉语言中,数字有不少妙用,由此构成了许许多多丰富多彩的习语,这些数字习语具有浓厚的民族、历史和地方色彩,生动形象地显示出不同民族的文化特征。常见的数字习语如下:

【四书】《论语》《中庸》《大学》《孟子》

【五经】《诗经》《尚书》《礼记》《易经》《春秋》

【八股文】破题、承题、起讲、入手、起股、中股、后股、束股

【六子全书】《老子》《庄子》《列子》《荀子》《扬子法言》《文中子中说》

【汉字六书】象形、指事、形声、会意、转注、假借

【书法九势】落笔、转笔、藏峰、藏头、护尾、疾势、掠笔、涩势、横鳞竖勒

【竹林七贤】嵇康、刘伶、阮籍、山涛、阮咸、向秀、王戎

【饮中八仙】李白、贺知章、李适之、李琎、崔宗之、苏晋、张旭、焦遂

【蜀之八仙】容成公、李耳、董促舒、张道陵、严君平、李八百、范长生、尔朱先生

【扬州八怪】郑板桥、汪士慎、李鱓、黄慎、金农、高翔、李方膺、罗聘

【北宋四大家】黄庭坚、欧阳修、苏轼、王安石

【唐宋古文八大家】韩愈、柳宗元、欧阳修、苏洵、苏轼、苏辙、王安石、曾巩

【四大名著】《三国演义》《水浒传》《西游记》《红楼梦》

【四大民间传说】《牛郎织女》《孟姜女》《梁山伯与祝英台》《白蛇与许仙》

【四大文化遗产】《明清档案》《殷墟甲骨》《居延汉简》《敦煌经卷》

【元代四大戏剧】关汉卿《窦娥冤》、王实甫《西厢记》、汤显祖《牡丹亭》、洪升《长生殿》

【晚清四大谴责小说】李宝嘉《官场现形记》、吴沃尧《二十年目睹之怪现状》、刘鹗《老残游记》、曾朴《孽海花》

【三山】安徽黄山、江西庐山、浙江雁荡山

【五岭】越城岭、都庞岭、萌诸岭、骑田岭、大庾岭

【五岳】河南嵩山(中岳)、山东泰山(东岳)、陕西华山(西岳)、湖南衡山(南岳)、山西恒山(北岳)

【五湖】鄱[pó]阳湖(江西)、洞庭湖(湖南)、太湖(江苏)、洪泽湖(江苏)、巢湖(安徽)

【四海】渤海、黄海、东海、南海

【蜀三关】阳平关、江关、白水关

【义阳三关】平靖关、黄岘关、武阳关

【古代内三关】居庸关、紫荆关、倒马关

【古代外三关】雁门关、宁武关、偏头关

【北京三山】万寿山、玉泉山、香山

【福州三山】屏山、乌山、九仙山

【盛京三陵】福陵、昭陵、永陵

【盘山三胜】松、泉、石

【晋祠三绝】圣母殿、周柏、难老泉

【雁荡三绝】灵峰、灵岩、大龙湫

【长江三峡】瞿塘峡、巫峡、西陵峡

【大宁河小三峡】龙门峡、巴雾峡、滴翠峡

【西江小三峡】大鼎峡、三榕峡、羚羊峡

【岷江小三峡】平羌峡、背城峡、犁头峡

【嘉陵江小三峡】沥鼻峡、温塘峡、观音峡

【四大名桥】广济桥、赵州桥、洛阳桥、卢沟桥

【四大名园】颐和园（北京）、避暑山庄（河北承德）、拙政园（江苏苏州）、留园（江苏苏州）

【四大名刹】灵岩寺（山东长清）、国清寺（浙江天台）、玉泉寺（湖北江陵）、栖霞寺（江苏南京）

【四大名楼】岳阳楼（湖南岳阳）、黄鹤楼（湖北武汉）、滕王阁（江西南昌）、大观楼（云南昆明）

【四大名亭】醉翁亭（安徽滁县）、陶然亭（北京先农坛）、爱晚亭（湖南长沙）、湖心亭（杭州西湖）

【四大古镇】景德镇（江西）、佛山镇（广东）、汉口镇（湖北）、朱仙镇（河南）

【四大碑林】西安碑林（陕西西安）、孔庙碑林（山东曲阜）、地震碑林（四川西昌）、南门碑林（台湾高雄）

【四大名塔】嵩岳寺塔（河南登封嵩岳寺）、飞虹塔（山西洪洞广胜寺）、释迦塔（山西应县佛宫寺）、千寻塔（云南大理崇圣寺）

【四大石窟】莫高窟（甘肃敦煌）、云冈石窟（山西大同）、龙门石窟（河南洛阳）、麦积山石窟（甘肃天水）

【四大书院】白鹿洞书院（江西庐山）、岳麓书院（湖南长沙）、嵩阳书院（河南嵩山）、应天书院（河南商丘）

【七大藏书楼】文渊阁（北京）、文源阁（北京）、文津阁（承德）、文溯阁（沈阳）、文汇阁（扬州）、文宗阁（镇江）、文澜阁（杭州）

【九大名关】山海关（河北）、居庸关（北京）、紫荆关（河北）、娘子关（山西）、平型关（山西）、雁门关（山西）、嘉峪关（甘肃）、武胜关（河南）、镇南关（今名友谊关）（广西）

【四大佛教名山】浙江普陀山（观音菩萨）、山西五台山（文殊菩萨）、四川峨眉山（普贤菩萨）、安徽九华山（地藏王菩萨）

【四大道教名山】湖北武当山、江西龙虎山、安徽齐云山、四川青城山

【西湖十景】三潭印月、苏堤春晓、平湖秋月、双峰插云、柳浪闻莺、花港观鱼、曲院风荷、断桥残雪、南屏晚钟、雷峰夕照

【碣石十景】碣石观海、天柱凌云、山岩春晓、石洞秋风、西嶂排青、东峰耸翠、龙蟠灵壑、风翥祥峦、霞辉宰堵、仙影沧浪

【台湾十二胜】角板山、草山北投、新店、大溪、玉山、八卦山、虎头牌、狮头山、太平山、大里简、旗山、雾社

【巫山十二奇峰】神女、翠屏、朝云、松峦、集仙、聚鹤、净坛、上升、起云、飞凤、登龙、圣泉

【世界六大宫殿】北京故宫、法国凡尔赛宫、俄国克里姆林宫、美国白宫、英国白金汉宫、文莱王宫

【五脏】心、肝、脾、肺、肾

【六腑】胃、胆、三焦、膀胱、大肠、小肠

【七情】喜、怒、哀、乐、爱、恶、欲

【人体十二脏】心、肝、脾、肺、肾、膻中、胆、胃、大肠、小肠、三焦、膀胱

【五谷】稻、黍、稷、麦、豆

【五香】花椒、大料、桂皮、丁香、茴香

【四大著名淡水鱼】松江鲈鱼、黄河鲤鱼、松花江鲑鱼、兴凯湖白鱼

【四大著名海产鱼】小黄鱼、大黄鱼、带鱼、墨鱼

【上八珍】狸唇、驼峰、猴头、熊掌、燕窝、凫脯、鹿筋、黄唇蛟

【中八珍】鱼翅、银耳、鲥鱼、广肚、果子狸、哈什蚂、鱼唇、裙边

【下八珍】海参、龙须菜、大口蘑、川竹笋、赤鳞鱼、干贝、蛎黄、乌鱼蛋

【中国八大菜系】四川菜、湖南菜、山东菜、江苏菜、浙江菜、广东菜、福建菜、

安徽菜

【开门七件事】柴、米、油、盐、酱、醋、茶

【五毒】石胆、丹砂、雄黄、矾石、慈石

【七曜】日、月、金星、木星、水星、火星、土星

【思考与练习】

1.请细数我国传统节日的名称及其对应的日期。

2.请讲出你最熟悉的五组传统文化数字习语。

第四节　地域里的数字

中国人热爱数字,不仅仅诗、词、对联、民俗等常嵌入数字,就连中国的地区与名胜,都有很多用数字来命名。中国的城市、山川、河流名称中嵌有数字,以下按数字从小到大罗列其中一部分。

一、带有数字的地区

零:零陵区(永州市)

一:一市镇(浙江)

二(双):二连浩特市(内蒙古)、双阳区(吉林)、双城区(黑龙江)、双江县(云南)、双流区(四川)、双牌县(湖北)、双鸭山市(黑龙江)

三:三门县(浙江)、三门峡市(河南)、三河市(河北)、三江侗族自治县(广西)、三台县(四川)、三都水族自治县(贵州)、三水区(广东)、三江侗族自治县(广西)、三穗县(贵州)、三江镇(贵州)、三都水族自治县(贵州)、三合镇(贵州)、三原县(陕西)、三明市(福建)、三元区(福建)、三亚市(海南)

四:四平市(吉林)、四会市(广东)

五:五台县(山西)、五寨县(山西)、五峰土家族自治县(湖北)、五大连池市(黑龙江)、五常市(黑龙江)、五营市(黑龙江)、五莲县(山东)、五华县(广东)、五台县(安徽)、五原县(内蒙古)、五指山市(海南)

六(陆):六盘山市(贵州)、陆丰市(广东)、陆河县(广东)、陆良县(云南)、六排镇(广西)、六安市(安徽)、六盘水市(贵州)、六合区(江苏)

七：七台河市（黑龙江）、七里河区（甘肃）

八：八宿县（西藏）、八步镇（广西）、八达镇（广西）、八弓镇（贵州）

九：九龙区（香港）、九龙县（四川）、九台市（吉林）、九江市（江西）、九原区（内蒙古）、九成宫镇（陕西）

十：十堰市（湖北）

百：百色市（广西）

千：千阳县（陕西）

万：万县（四川）、万安县（江西）、万年县（江西）、万载县（江西）

二、带有数字的胜地

（一）数字一

一曼公园（黑龙江尚志市）、一面坡国家森林公园（黑龙江尚志市）、一线天（广东蕉岭县）、一半春园（香港新界）

（二）数字二

二佛寺（重庆合川区）、二王庙（四川都江堰市）、二郎庙（陕西丹凤县）、二龙湖（吉林梨树县）、二滩森林公园（四川攀枝花市）

（三）数字三

三辽塔（辽宁朝阳市）、三元塔（广东德庆县）、三圣塔（河南沁阳市）、三苏寺（四川眉山市）、三岩寺（浙江丽水市）、三元宫（贵州贵阳市）、三元洞（云南文山县）、三仙洞（新疆喀什市）、三清阁（云南昆明市）、三清山（江西上饶市）、三潭印月（浙江杭州西湖）

（四）数字四

四祖寺（湖北黄梅县）、四顶山（安徽肥东县）、四明山风景区（浙江余姚市）、四姑娘山风景区（四川小金县）

（五）数字五

五台山（山西五台县）、五松亭（山东泰山）、五公祠（海南海口市）、五指山（海南琼中县）、五指石（广东平远县）、五峰园（江苏苏州市）、五亭桥（江苏扬州瘦西湖）、五塔寺（内蒙古呼和浩特市）、五云山（浙江杭州市）、五霞洞（安徽南陵县）、五女峰（吉林集安市）

（六）数字六

六和塔（浙江杭州市）、六胜塔（福建晋江市）、六榕寺（广东广州市）、六和洞

(安徽怀远县)、六洞山(浙江兰溪市)、六顶山(吉林敦化市)、六龟彩蝶谷(台湾高雄市)

(七)数字七

七星岩(广东肇庆市)、七溪岭(江西井冈山)、七宝塔(山西平顺县)、七仙洞(福建沙县)、七里泷(浙江建德市)、七塔禅寺(浙江宁波市)、七曲山(四川梓潼县)

(八)数字八

八云塔(陕西周至县)、八咏楼(浙江金华市)、八字桥(浙江绍兴市)、八仙庵(陕西西安市)、八大关(山东青岛市)、八仙洞(台湾台东县)、八达岭长城(北京市)、八卦山大佛(台湾彰化市)

(九)数字九

九寨沟(四川九寨沟县)、九华山(安徽池州市)、九宫山(湖北通山县)、九龙池(云南玉溪市)、九龙公园(香港)、九溪十八涧(浙江杭州市)、九泷十八滩(广东乐昌市)、九族文化村(台湾南投县)

(十)数字十

十字桥(山西太原市晋祠)、十里画廊(湖南张家界武陵源)、十渡风景区(北京市房山区)、十大政纲石刻(四川剑阁县)

(十一)其他

十三陵(北京市昌平区)、十六罗汉像石刻(浙江杭州市孔庙)、十八连山国家森林公园(云南富源县)、百里画廊(北京延庆区)、千佛洞(长沙市宁乡县)、万里长城(多个省)

【思考与练习】

1.请讲讲你的家乡有多少用数字来命名的旅游胜地和地区？

2.请你利用互联网查阅以上带数字的地区及名胜，了解它们的相关情况。

第五节　中、西方数字崇拜与禁忌

一、中、西方数字内涵

数字是观念和符号的结合,是人类对客观世界的观察和探索以及对物质世界认识的总结。人们用数字表示事物数量或顺序。不同的语言文化背景,不同的民族文化,形成了特有的不同的数字文化现象。由于受不同民族文化心理、宗教信仰、语言崇拜和审美观念等文化差异的影响,数字被赋予各种神秘色彩,褒贬、吉凶和象征意义等,数字具有浓厚的民族、历史、地方色彩和特殊的文化内涵,承载和传承着文化信息,数字生动形象地表现了不同民族的文化特质,进而形成了不同的数字文化观,而数字文化观又不可避免地影响人们的心理和行为等。

(一)中国文化中的数字内涵

在中国语言文化中,数字"零"是最矛盾的数字,充满虚无主义色彩;同时,它又包含世间万物,从零开始,而后又归于零。数字"1"则代表首位、首先,它表示数的开始,如:一马当先、一步登天等。"1"在中国古代哲学中,被看作世界的本原或宇宙初萌的象征。东汉许慎在《说文解字》中把文字归结为五百四十个部首,以"1"部开始,有元始之意。数字"2"则表示美满的意义,同时"2"的含义是双,如:智勇双全、双喜临门等。"3"的含义是多,如:三人行必有我师。"4"的含义为四方,象征意义是平稳,如:四平八稳、四面八方等。"5"是神秘而抽象的数字,中华民族崇拜数字"5",因为"5"是阳数,有吉祥的含义,如:五行阵、五光十色、五花八门等。数字"6"是一个时空谐和的数字。"6"是顺利、平安的意思,如:六六大顺、六畜兴旺等。数字"7"在中国传统文化中是一个神秘而又令人迷惘的数字。它有时表示吉义,有时又表示凶恶,其含义是复杂和凌乱的,如七窍生烟。"8"在中国数字文化中属于偶数,代表阴阳之数。如:八节、八采、八政、八音、八儒、生辰八字等。"9"从中国的文化学和民族学角度看,它非同一般,积淀了丰厚的文化意蕴,含义是至高无上的权威等,如:九土、九天、九州、九品、九五之尊、九九归一等。"10"是五个地数(偶数)中最高的一个数,一个终极的数字,也是一个最基本的整数,含义为完美、完善,如:十分、十方、十全十美等。

（二）西方文化中的数字内涵

西方文化中，"一"是象征万物之始，唯一。《圣经》新约全书《马可福音》："神是独一的主。""二"是象征同伴，见证人。"三"是象征神圣的，神的。"四"是象征肉眼看得见的受造物，地的四个方向或属地的。"五"是象征人的五官，人的数目。"六"是象征不完全，不能达到。"七"是象征完全，意思是上帝用七天时间完成了创造世间万物的壮举，圣马利亚有七喜、七悲，主祷文分七部分等；西方宗教和文化中，常用数字"七"来规范人的道德行为或人文景物、社会团体、宗教仪式等，如：七种美德、七安息年。"八"是象征再生，复活，永恒。它是创世后第八天，也是复活节前一周第八天，基督在这一天复活。"九"是象征美德，圆满；托勒密天文学里的九重天，《圣经》里的九级天使；"九"也是有德之人的灵魂。"十"是象征完整与统一。

中西数字文化重要内容都包含有数字崇拜和数字禁忌。这是由于早在远古时期，人们对自然现象感到迷茫和恐惧，把本来不具有任何神秘色彩的语言符号中的数字赋予各种超人的超自然威力，随着迷信的盛行、宗教的发展，日常生活和工作中，人们对某些数字逐渐喜爱、崇拜，对有些数字则厌恶、恐惧，对某些数字的崇拜和禁忌是世界各民族所共有的现象。但不同文化背景、不同思维观念，对不同数字的感知喜恶取向也不同。

二、中、西方共同喜好的数字

中国和西方大部分国家，人们普遍都喜好数字"3"和"8"，几乎在所有的东西方国家都视为神圣、尊贵和吉祥的象征。但由于文化传统、宗教信仰不同，其表现形式也不同：中国古代有许多重要思想观念都与"3"有关，如：将日、月、星归纳为"三辰"；把天、地、人称为"三才"或"三灵"；认为人有前生、今生、来生，共"三生"；称君臣、父子、夫妇三种关系为"三纲"；父、子、孙为"三族"；儒、释、道为"三教"；等等。其中，道教有"三清"之说，即玉清、太清和上清。民间俗话有"三个臭皮匠，赛过诸葛亮""一个好汉三个帮、一个篱笆三个桩""三寸不烂之舌"等。

西方人普遍认为世界是由大地、海洋和天空三部分组成，大自然包括动物、植物、矿物，人体有肉体、心灵、精神三性；基督教主张圣父、圣子、圣灵三位一体（the trinity）；在罗马神话中，主宰世界的有三个神，主神朱庇特手中的三叉雷电杖是权威的象征，海神尼普顿象征三叉戟，而冥王普路托则是长有三个头的狗。民间俗语：The third time's the charm.（第三次准灵）；Number three is always fortunate.（第三号一定运气好）；All good things go by threes.（一切好事以三为标准)。由此可见,西方人对数字"3"的偏爱,"3"代表完美。

中国人对数字"8"的喜爱源于广东人把88念成发发,寓意发大财、交好运。于是数字"八"便成了最受全国人欢迎的数字,尤其是尾号为8的汽车车牌号、电话号码、手机号、门牌号等更是抢手货。西方的数字"8"预示吉祥之意,古希腊人们认为"八"是丰硕、成就和长寿。《圣经》中上帝惩罚人类的大洪水,只有8个人靠挪亚方舟逃生,"8"象征幸运;"福音书"上说耶稣的兄弟雅各生了8个孩子,"8"意味着多子多孙;两个戒指上下靠在一块构成8,寓意婚姻美满;横着的∞是数字中的无穷大代表符号,寓意丰硕、成就、长寿、幸运、美满。

三、中国文化中的吉祥数字

人们对"6""9"和"10"数字有特殊感情和崇拜。中国古时就有崇"6"的传统观念。如:先秦时期六部儒家经典称为"六经"或"六艺";诸子百家中最著名的阴、阳、儒、明、法、道总称为"六家";周代兵书现存六卷称为"六韬";政区分为"六乡";周礼有"六典";官制设有"六部";朝廷军队统称为"六军"或"六师";皇后寝宫称为"六宫";把亲属关系归纳为"六亲";妇女怀孕称为"身怀六甲";天地四方称为"六合""六幽";中医将人的心、肺、肝、肾、脾、胆称为"六府";佛教认为凡人有"六情";作画讲究"六法""六要""六彩";考古发现秦始皇的铜车马皆以"六"及其倍数为度。民间也有"六六大顺""六畜兴旺""眼观六路,耳听八方"的俗语。中国人认为六是最吉利的数字:农历初六、十六、二十六被视为举行婚礼及喜庆活动的黄道吉日;电话号码或车牌号,人们更钟爱尾数为"66""666""6666"的这几组数字,因为它们象征着顺顺利利、万事如意。

从春秋战国时代起人们开始崇拜"9"。《素文》中:"天地之数,始于一,终于九。"汉语一至十的数字里,九是最大阳数,由此引出"无限"之说。"九重天""九霄云外"代表极高,"数九寒天"代表极冷,"九州方圆"代表疆土辽阔无垠。此外,9是龙行的图腾化文字,天有九层,九重天是天的最高处,由此九为神圣之意,享有特别的尊贵地位。中国古代历代帝王为表示自己神圣的权力为天赐神赋,便极力把自己同"九"联系在一起,如:天诞日为正月初九,天子祭天一年九次。汉语中"九"与"久"同音,帝王们也常用"九"来象征他们的统治天长地久。宫殿建筑也常与"九"有关。如:北海附近有九龙壁,北京故宫内的房间有九千九百九十九间,三大殿的高度都是九尺九,天安门城楼面阔九间,宫殿和大小城门上都用金黄色的九路钉装饰(横九排,竖九排,共计九九八十一个),宫殿内台阶都是九级或九的倍数。1987年英国女王访问中国时,就选在那年的阴历九月第九天的重阳节。在民间,人们也有选择含两个"9"作为喜庆日的习俗,"99"与"久久"谐音,寓含有"天长地久"之意。此外,中国民间还有所谓"暗九"的说法即指九的倍数,如"十八""三十六""七十二""三百六十"等。因此汉语中有"女大十八变""三十六计,走为上计""孙悟空七十二变""三百六十行,行行出状元"等成语习语,这些习语中的数字泛指数量之多。

"十"是中国人喜爱的吉祥数字。自古以来,人们视"十"为完整、圆满、吉祥,因而喜爱以"十"为标准的计量单位。如:历史上有"十圣",有十大名花,地名中北京有"十里长安",南京有"十里秦淮",上海有"十里洋场"。直至现在,新闻单位每年要评选十大新闻、体育界、影视界要评选十大明星,生日祝寿和国庆节逢"十"要举行盛大庆典已成传统,这些反映了中国人追求"十全十美"的传统心理。

四、西方文化中的吉祥数字

西方人崇尚数字"7","7"是最神秘而神圣的数字。西方人在古时候将日、月、金星、木星、水星、火星、土星7个天体与神联系起来,对西方文化乃至世界文化都产生了广泛深远的影响。随着基督教的兴起和发展,数字"7"又增加了浓厚的宗教色彩,渗透到了西方社会各个方面。基督教认为,上帝用7天时间创造了世间万物;耶稣告诫人们原谅别人要7乘以7之多;圣母玛丽亚有7件快乐的事,7件悲哀的事;圣灵有7件礼物;人的一生分为7个生长时期,主祷文也分为7个部分,于是西方宗教常采用7来规范人的道德行为或归纳历史人物景物、社会团体、宗教仪式等,对语言文化产生了重大的影响。因此世界通用的记时方法规定7天为1周,而英语民族的美德、善事、罪恶也要凑足"7"件。西方人讲究7种美德,7种文理学问,7次圣餐,7大圣礼,认为人生有7个时期,规定了7宗罪。由此可见,数字"7"在西方文化中的地位极其重要,人们视"7"为吉利数字,对"7"情有独钟。"7"的倍数也被认为是神圣的。因而,英语习语"The seventh son of a seventh son"意为"极为显要的后代"。除"7"之外,西方有的民族对"4"也极为崇拜,认为"4"是公平、正义、力量的象征。

五、中、西方禁忌数字

(一)中国文化中的禁忌数字

中国的禁忌数字及习俗与西方文化完全不同,数字"7"和"4"在中国被视为不吉祥的象征。在中国,现代人不太喜欢"4"这个数字,因为它与不吉利的"死"谐音。尾数为"4"的电话号码、车牌号码就大不受欢迎,人们特意避开14(谐音

"要死"),514(谐音"我要死"),474(四川方言中谐音"去死去"),714(四川方言中谐音"去要死")等数字。海外华侨和港澳同胞中的广东籍人,忌用"四"做标志,非说不可时,有人以两双或两个二来代替。

"7"在中国文化中常常被人们忌讳使用。给人送礼时忌讳7件或7样,饭桌上的菜绝不能是7盘,人们在挑选良辰吉日时,不挑7、17或27。其原因与中国人崇尚偶数的心理和中国祭奠死者的传统习俗有关。此外,在某些地区,农历的七月初七为凶日,忌婚嫁,有"七月初七,迎新嫁女避节"之说。此习俗与牛郎织女的民间传说有关。汉语中与"7"相关的习语也大多带有贬义,如:七零八落、七手八脚、七嘴八舌、七上八下、七扭八歪、七拼八凑等。由此可见"7"不受欢迎的程度。但如今在四川地区,因"7"和"起"谐音,在四川方言中意为"雄起","7"同"8"(谐音"发")一样也成了吉利数字,特别受到生意场上的人的偏爱。可见,人们对数字崇拜和禁忌也是随时代发展而变化的。

(二)西方国家的禁忌数字

在西方,人们忌讳使用的数字主要有"13""星期五"。其中,thirteen 是人们最忌讳的数字,被认为是凶险不祥的象征,尤其在欧美成为头号大忌。长期以来,在英美民间流传着一句谚语:"Thirteen is an unlucky number。"并把它称为"鬼数"或"鬼的一打"。西方人在日常言行中千方百计地避开"13",对数字"13"的忌讳甚至到了不可理喻的地步。人们在日常谈话中不轻易提起"13"这个数字,常用"a baker's dozen"来代替"13"。(15 世纪英国政府对各种面包的重量做出了规定,为了避免因缺斤少两而受罚,面包店便在规定的一打 12 个面包上再免费多加 1 个。)医院、旅馆里也没有 13 号房间,上菜不上 13 道,门牌、楼层及各种编号都尽量避开 13,更见不到 13 人同席进餐。据说美国总统罗斯福在举行宴会时,为避免 13 人同席进餐,干脆让他的秘书随时替补迟到或缺席的人,充当 14 号宾客。他还煞费苦心地不让专车在每月 13 日启程,却提前在 12 日夜间 11 点 50 或 14 日的 0 点 0 时 10 分开车。1965 年,英国伊丽莎白女王访问联邦德国时,火车原定于在杜伊斯的 13 日站台启程,惊慌失措的官员急忙把站台标牌改成了 12A。如果 13 号恰逢星期五,许多人更是惶惶不可终日。星期五在人们的心目中也是不幸又晦气的日子。据说星期五是耶稣受难日,司祭牧师穿着黑色祭服,故名黑色星期五(black Friday,引申为耶稣受难日,发生灾难事件的日子)。还有人说,亚当和夏娃被上帝赶出伊甸园时也是星期五。因此,这一天人们不操办婚事、不启程旅行、不开始新工作、剪指甲或翻动床铺,唯恐发生不吉利的事情。英语中 two 也是象征不吉利的数字,因为这个数字来自 die(骰子)的复数 dice,而 die 的另一词义为死亡,two 变成了不受欢迎的数字,在古谚语"two of a trade never agree.(同行相轻)";"When two Fridays come together.(永远不)"中也有所体现。

【思考与练习】

1.简述中国文化中的吉祥与禁忌数字。

2.简述西方文化中的吉祥与禁忌数字。

第六节 中、西方数字文化观

数字文化观影响人们心理和行为。中国人对数字禁忌习俗虽没有西方人那么多,思维方法也迥然不同,但是中、西方都忌讳同"死亡"联系的数字,崇拜数字的魔力。而中、西方禁忌习俗也表达了各民族的人们对避祸、求福、追求美好生活的心理愿望。中、西方所崇拜和忌讳的数字有所不同,这是由于中、西方有着不同的数字文化观和崇拜心理。

一、中方数字文化观

由于中国传统文化根深蒂固的影响,中国人普遍认为双数是吉利数字。以汉语为代表的东方文化观体现了审美观念,中国人尊崇双数,以双数为吉数的传统审美心理。人们喜欢双数的偶合意义,预示对追求好事成双的渴望,双喜临门。处世有方是四平八稳,交通便利为四通八达,百事顺心为六六大顺,美不可言为十全十美。中国传统文化中,崇尚对偶,崇尚对称观念已渗透到人们社会生活中。此外,十以上的数字如"十二""二十四""三十六""七十二"等双数也受到人们的喜爱。因此,双数在汉语中蕴含着吉祥的文化内涵。中国人喜欢双数的美好含义,追求好事成双,希望双喜临门,人际交往中送双份礼,甚至连文学形式中的春联和修辞格中的对偶都体现出汉民族对双数情有独钟。中国人对双数的崇拜体现中国人期盼吉祥、向往美好的民族文化心理。

众所周知,中国是世界四大文明古国之一,汉民族自古以来就崇信阴阳二元学说,认为事物都是由阴和阳两方面构成,只有阴阳交合才能滋生万物。《易经》中"易有太极,是生两仪,两仪生四象,四象生八卦",认为事物都是从一化为二,二化为四,四化为八的几何增长。古代哲学家、道家学说的创始人之一老子主张

"天人合一"。《道德经》:"道生一,一生二,二生三,三生万物。"老子认为任何事物都有相对的两面,如:好和劣,对与错,长与短,明和暗,动和静。这里蕴含的哲理很好地阐释了为什么双数在社会生活中被看作吉祥数。而任何事物一分为二、具有相对的两面的观点体现出中国人的辩证法,也符合人们传统的审美心理。任何事物都有双重性,中国人更多地赋予事物以好的属性,展现出中华民族对美好和谐的心理期盼。

二、西方数字文化观

西方人往往视单数("13"除外)为吉利数字:Number one 意思是"最好的,最亲近的";数字"3"有神秘的文化内涵,人们习惯在生活中把事物存在的量或其发展过程一分为三,以图吉利;"7"在西方文化中占有极其重要的地位,人们视"7"和"7"的倍数为神圣数字,对"7"情有独钟;而表示程度时,常用方法就是在整百整千的偶数后加上尾数数字"1"。如:one hundred and one thanks(千恩万谢),a thousand and one way to help(日理万机)。西方人对奇数的崇拜反映了西方人遵从宗教传统、趋利避凶的民族心理。

以英语文化为代表的西方文化起源于古希腊、罗马文化,基督教文化则是西方社会主流文化,对数字文化内涵有着深远的影响,数字联想大多与圣经和神话故事密切相关。宗教文化的传统,赋予了数字"3"和"7"在西方国家吉利而又神秘的内涵。正是由于神话和宗教的威力,人们从中推导出数字"13"和星期五有不祥之兆,从而对"13"和星期五忌讳。可见,宗教传统对人们社会生活中数字的使用起了决定性作用,体现了西方人注重实例分析、实证的思维传统,同样也反映了西方人向往幸福、追求美好生活的民族文化心理。

【思考与练习】

1.简述中方数字文化观。

2.简述西方数字文化观。

第七节　俄罗斯数字文化

一、吉祥数字"3"

俄罗斯人日常生活中如果提到应用最广泛、最完美的数字,必然会想到数字

"3",俄罗斯人对数字"3"可谓情有独钟,他们"以三为度,以三为大,以三为止"。古代俄罗斯民间传说就有"3条大鲸背起大地"的说法;生活中,俄罗斯人如果听到或者说了不吉利的话,习惯性地向左后肩吐3次唾沫或者在木制品上连敲3下来消灾;"新婚时,要在床垫下一连3天放熟鸡蛋或者是彩绘木头鸡蛋,寓意期盼新人早生贵子;婚礼之后,新人要围绕桌子走3圈,象征着新娘正式成为新郎家中的一员;葬俗中,一般要选在第3天、第9天为故人举行祭奠仪式,葬后酬客宴的主食要用大米、蜜、葡萄干3种食物烹制";而在人际交往中,俄罗斯人见面会互相亲吻3次来表示问候和祝福;俄罗斯国旗是由白、蓝、红3色组成;等等。可见,数字"3"广泛应用于俄罗斯社会文化生活中,占有十分重要的地位。俄罗斯民族文化中,含有数字"3"的成语、谚语、俗语、固定语和惯用语有:

(1)多余的第三者。

(2)三步远,表示很近。

(3)不相干的第三者。

(4)一人知道是秘密,两个人知道不能保密,三个人知道就没有秘密了。

(5)第三次总是会打出火来的。

(6)第一条鲫鱼滑钩了,第二条也滑钩了,第三条,感谢上帝,终于上钩了。

(7)第一杯酒烧喉咙,第二杯喝了是英雄,第三杯下肚欲飘仙。

(8)牢记三件事:祈祷、忍耐和干活。

(9)一个儿子不算是儿子,两个儿子算是半个儿子,三个儿子才是儿子。

(10)三个指头画十字。

数字"3"也是俄罗斯作家笔下的常客,如:普希金的故事诗《神父和他的长工巴尔达的故事》,在这篇故事诗中数字"3"反复出现,如"每年在你的额头上敲3下作为工钱","已经30年了,他们还没有付我的工钱","第3声就倒下去"。俄罗斯某些民间故事中,数字"3"更是使用频繁,如:用3天选派使者,打仗延误了三年三个月,交战三日三夜才取得胜利,庆祝胜利要欢庆3天,等等。俄罗斯文学作品中,有个词语被反复提及,很多诗人也曾以此为题来进行创作,它就是"三套马车"。普希金、费特、维亚泽姆斯基等人都写过以"三套马车"为题目的诗歌。"三套马车"是俄罗斯文化中的典型现象。在旧石器时代,"三套马车"就开始被用作代步工具,一直作为俄罗斯的主要交通工具活跃在俄罗斯的历史舞台上。不管在城市,还是在城外道路上,奔驰的"三套马车"来来往往,运货、载人,曾经一度风行过很长时间。据统计,昔日就有300个驿站,超过1.6万名车夫驾驭着"三套马车"东去西往,忙忙碌碌地奔驰在莫斯科通往西伯利亚的长途公路上。

自修建铁路以来,"三套马车"运货车队就由铁路货车所代替。如今,游客想要看到这种风靡一时的交通工具,只能在俄罗斯乡村里。但在节日里,乘坐古老的俄罗斯"三套马车"游览观光,至今仍是一项体验俄式风情的传统。此外,"三套马车"还有一种别意。在 19 世纪中期俄罗斯小说领域出现了三大家:屠格涅夫、陀思妥耶夫斯基和托尔斯泰,我们习惯上将他们称为俄罗斯小说领域并驾齐驱的"三套马车"。数字"3"也常出现在俄罗斯文学作品中,如:

(1)我们应该更加紧密地与前线联系,绝不能满足于第三手的材料。

(2)看来,秉性正直的小白桦,心中忠贞于第三种力量。

(3)在众目睽睽下我要吻你的樱唇三次。

(4)我把三只复活节的小酒盅,藏掖在我的衣襟中。

(5)哎,三套马车! 快似飞鸟的三套马车! 是谁发明了你? 毫无疑问,只有动作迅速的民族才能创造出你。

(6)三套马车在奔驰,三套马车在跳跃,车轮滚滚,尘埃蔽日。

(7)啊,上帝,我是多么喜欢坐在三套马车上。

(8)冰天雪地,路途漫漫,三套马车在驿道上奔驰。

(9)一根琴弦已经被扯断,还剩下三根和我孤独一人。

(10)就遭受的痛苦而言,我的岁数比她大三截;而就幸福长久而言,她的岁数比我大三岁。

俄罗斯作家中最喜欢使用数字"3"的大师是陀思妥耶夫斯基。在他的作品《少年》《卡拉马佐夫兄弟》中,频繁地使用数字"3"。小说《少年》是由三个部分组成,每部分中的事件都是发生在三天里,11 月 3 日下午 3 时是主人的悲剧时间;小说《卡拉马佐夫兄弟》的主人公是伊万、德米特里和阿廖沙三兄弟,三章写伊万同斯梅尔季亚科夫,故事结局也有三章;等等。俄语中,数字"три"还有一个特殊的用法。当"3"与数字"9"或者数字"10"搭配构成形容词的时候,表示"遥远的地方",也指"非常偏远的地方"。此外,在俄语中还有一个固定词组"за тридевять земль"表示"非常遥远或者偏远的地方",常用于童话故事中。俄罗斯作家笔下常出现这些词组,如:

(1)一只老鹰驮着农夫飞越大海,飞向那遥远的国度。

(2)老爷,您好! 很不好意思我穿着长衫来接您……是什么风把您吹到我们这遥远的边疆来的?

(3)飞翔吧,我的夜莺,飞往那遥远的国度,飞往那蓝色海洋的彼岸,飞往异乡客地。

(4)他开始讲道:从前啊,在那遥远的地方,在第三十个贵族领地上,住着一个伟大而又聪明的国王。

俄罗斯人不仅对"3"情有独钟,而且也很喜欢"3"的倍数,如 6(шесть)、9(девять)、12(двенадцать)、30(трицать)、300(триста),等等。俄罗斯人常把由数字"6"或者数字"9"组成的圆圈悬挂在家中以祈求平安,他们相信数字"6"和"9"可以抵御雷雨和雷电的袭击。

2010 年在上海世博会 C 片展区中,有一个白、金、红三色交相辉映的展馆备受关注,这就是俄罗斯国家展馆。三色充分展现出了俄罗斯新形象,白色代表纯洁,金色象征繁荣,红色充满美丽。该展馆是由 12 个红色底色加上富有俄罗斯民族元素图案的花瓣塔楼构成的立方体,呈现了多极、多民族、开放和富有生命力的国家,象征城市和谐的生活圈,也展现了俄罗斯馆的主题"新俄罗斯,城市与人"的和谐理念。俄罗斯人对数字"3"的倍数的喜爱,在俄罗斯童话故事、壮士歌、民间叙事诗等民间创作中也有充分体现,如:

(1)古时候,有个国王,他有 3 个儿子。当他们长大成人了,国王把他们召集到一起,对他们说:"我心爱的儿子们,趁着我尚未年老,我想给你们娶亲,想看到你们的孩子们,我的孙子们。"——《青蛙公主》

(2)从前有个老汉和他的老伴,住在蓝色的海边,他们住在一所又破又旧的小土屋里,整整过了三十又三年。——《渔夫和金鱼的故事》

(3)海龙王又一次对萨特科说:"萨特科,你早起去为自己挑选漂亮的姑娘。"萨特科早晨起来后,看到来了 300 个漂亮的姑娘;他先放走了这 300 个姑娘后,再放走了 300 个姑娘,此后又放走了 300 个姑娘;一个漂亮的姑娘走在后面,是个漂亮的黑姑娘,萨科特选择了那个黑姑娘为妻。——《萨特科》

二、神圣数字"7"

俄罗斯民族认为数字"7"(семь)拥有神圣、神秘的意义,俄罗斯人认为数字"7"是幸福和成功的象征。В. П. Фелицына 和 Ю. Е. Прохоров 说:"像其他民族一样,在俄罗斯时代即认为数字'7'有魔力,俄罗斯人民把数字'7'看作同某种神秘力量有联系的一个数字。"

俄罗斯民族学者马克西莫夫曾说过:"如果把'7'被赋予神秘意义的情况做个全面统计,可能是无穷无尽的。""'7'意义复杂。数字'7'象征着秩序井然以及完整的时期或周期(俄罗斯人,特别是西伯利亚以及远东地区的俄罗斯人认为'七'象征极限,是不应跨越的门槛,是一个周期)。它包含了三位一体的神和东西南北四方世界,是'3'(理想的化身)和'4'(和平的秩序)的结合,也是人和神的结合,因此被赋予了特殊价值。"

俄罗斯心理学家福罗洛夫(Б. А. Фролов)认为,"'7'象征很强的生命力,因而后来被视为一个神圣的数字"。他还认为,"七种颜色(红、橙、黄、绿、青、蓝、紫)与七色彩虹绝不是偶然的巧合,因为我们的神经系统和所有先人(直至旧石器时代晚期)的神经系统是一样的"。"同时俄罗斯人认为同样的事情重复7次之后就会产生新的现象,而这种现象有时会具有相反的性质",如婚姻的7年之痒,已婚的人容易在婚姻的第7年离婚,7年也被视为婚姻中很重要的一道坎。"7"是具有世界性意义的数字:光的颜色是7种,高音有7声,化学中有7味,古代天文观测仅仅知道7个天体:水、木、金、火、土、日、月,然后根据这7个天体创建了7日为1周的记时法(此记时法作为目前全球采用的统一历法延续使用到现在)。古巴比伦人对数字"七"表现出超常的敬畏及恐惧,当他们处理重要事务时,会尽量避免在每月的第7,14,21,28日。

俄罗斯人偏爱数字"7"在某种程度上是受西方文化影响。俄罗斯虽然横跨欧亚大陆,长期受东方文化和西方文化的双重影响,但俄罗斯属于欧洲国家,受到欧洲文化影响较大,崇尚和信奉西方文化观。在西方,数字"7"具有"未生成或未被产生"的特征。它是一个质数,其倍数不能产生数字"10"之前的任何一个数。古代传说中它是打开宇宙的钥匙。从占星角度来说,数字"7"属于土星的领域。司掌土星的萨图恩是老年之神、时间之神,也是变化之神。数字"7"的崇拜起源于原始天文学。在科学技术和社会生产力都非常落后的古代,由于知识的匮乏,人类寄希望于神秘的上苍来指导他们的行为。古人认为:人与星星息息相关,人的灵魂是天的一部分。因此,星占家在古代社会占有非常重要的地位。建立古巴比伦王国的闪米特人相信七曜皆神,对他们都加以崇奉并确信他们轮流执政,主宰着人间的沧桑。于是,闪米特先人把对七星神的敬畏演化于他们古老的宗教中,他们造七座坛、献七份祭礼、行七次叩拜之礼……日复一日、年复一年,渐渐地,"7"从他们虔诚的图腾崇拜礼仪中具象出来,成为一个隆重的符号,并最终融入新的一神宗教之中并一直影响至今,数字"7"在西方国家成为神圣而又充满神秘色彩的数字,对西方文化乃至整个世界文化产生了广泛而深远的影响,涉及人们工作和生活的方方面面。

三、禁忌数字"13"

俄罗斯人也十分忌讳数字"13"。事实上,对数字"13"的忌讳是包括俄罗斯在内的整个西方世界的文化共识,并不是一种孤立的文化现象。因为忌讳,西方人千方百计避免和"13"接触。在荷兰,人们很难找到13号楼和13号的门牌。他们用"12A"取代了13号。在英国的剧场,找不到13排和13座。在法国,人们直接在剧场的12排和14排之间设置了人行通道。此外,人们不会选择在13日出游,忌讳13人同席就餐,13道菜更是绝对不能被接受的。在俄罗斯人眼里,数字"13"是个灾难数字,俄罗斯人也认为数字"23"是不吉利、死亡的象征,被称为 чёртовадюжина(鬼的一打)。俄罗斯人请客绝不请13个人,俄罗斯人常说:Тринадцатымзастолнесадись—нетобытьбеде(不要第13个坐在桌子旁边吃饭,否则注定要倒霉遭殃)或者 Суеверныелюдинесадятсязастол,еслиих13(迷信的人不要坐在第13个位置上)。结婚要避开每月的13号,送花不送13枝(尽管俄罗斯人送鲜花的枝数一定要奇数),门牌、楼层、房号尽量不使用数字"13",而改为12B之类或者跳过数字"13"。在剧院,一般不设置13排,而改为过道之类的。

如果13号恰逢星期五,则被认为是不吉利中的不吉利,灾难中的灾难,称为 чёрнаяпятница(黑色星期五)。对星期五的忌讳主要来自《圣经》:上帝创造了第一个男人亚当后,从他身上取下一根肋骨又造了一个女人夏娃。据说,亚当是在星期五被造出来的,他和夏娃偷吃禁果是在星期五,他俩死的日子是星期五,亚当和夏娃的儿子该隐也是在"黑色星期五"杀死了他的弟弟亚伯。相传耶稣也是在13日星期五遇难的。英国从前常常在星期五处死罪犯,因此星期五有时也叫"绞刑日"。据说有首英文歌,歌名叫《黑色星期五》,听了的人会比较容易自杀。

【思考与练习】

1. 简述俄罗斯民族文化数字"7"的圣经起源。
2. 简述西方禁忌数字"13"的文化渊源。

第八节　日本数字文化

一、日本的吉利数字

日本人认为"3"是最吉利的数字。当日本人送东西给别人,都是 3 个或"3"的倍数的。偶数基本被排除在吉利数字以外,原因是偶数都可以再分,所以比如你送新郎新娘一对东西,就包含"预祝"人家早日分开的意思。日本人虽然忌讳"4"喜欢"3",但饭桌上却有例外,如:喜欢设四碟菜而绝非三碟,为什么呢?因为日本人祭奠先人时,惯常用三个碟,所以吃饭的时候绝对不可以向"鬼"看齐!

吉利数字还有"5""7""8"。五日元的硬币是祭祀时候最好的钱,因为它的日语发音类似敬语"缘"。"7"比较复杂,它是本来可以和"3"争夺吉利数字的首位称号,但"7"的发音"西奇"和日语的"死"相近。现在,迷信的日本人读"7",往往用另一个发音"那那"回避。"8"列为吉利数纯属偶然。日本人认为"8"象征着美满而仍有发展前途,对这个偶数网开一面。同时,中国文化"8"代表"发"的含义,也被日本人所接受。日本人中立数字"1","1"表示整体、专一,但过于单薄,对喜欢从众的日本人来说缺乏吸引力,日本人不讨厌也不喜欢它。

二、日本的禁忌数字

日本人忌讳"2","2"也常常用作贬义,"2"表示分裂,"2"代表分心、不专一。比如:忠贞不贰、三心二意等。从上述例子可以看出,"2"作为"1"的对立面,具有某些负面的语义色彩,成了贬义词。因此,"2"在日语中意义为"分裂、分别"之意,可能源于此。"4"在日语中发音"西"和"死"的发音相近,是数字里的恶魔。不吉利数字是"6","6"的读音与"碌"谐音,在日本看到尾数一串"6"的车牌时,不要误认为是吉利数字。不吉利数字"9",因为"9"发音为"窟",与日语中"苦"相同,日本人很忙碌,生活节奏快,整天加班熬夜,从小又受到吃苦教育,大家也不喜欢这个数字。

日本人对数字"13"也很忌讳,是受到西方国家的影响。与欧美人一样,日本人在开业、婚礼、外出旅行日选择时也往往避开这一天,许多宾馆没有"13"楼层和"13"号房间,日本国内航班也没有"13"号座位。东京羽田机场也没有"13"号停机坪。

【思考与练习】

1. 简述日本文化中吉利数字及渊源。

2. 简述日本文化中禁忌数字及渊源。

【学习贴士】

数字"13"

忌讳数字"13"基本上是受基督教文化的影响。基督教中,相传耶稣受害前和12个弟子一起共进了一次晚餐,参加晚餐的第13个人是耶稣的弟子犹大。就是这个犹大为了30块银圆,把耶稣出卖给犹太教当局,致使耶稣受尽折磨而死。参加最后晚餐的是13个人,晚餐的日期恰逢13日,"13"这个数字给耶稣带来了巨大的苦难和不幸,并将他逼向了死亡的深渊。从此,数字"13"便被认为是不幸的象征,是背叛和出卖的同义词。达·芬奇的名画《最后的晚餐》所描绘的情景,让关于"最后的晚餐"这一传说更加深入人心,也让人们在内心深处深深地刻上了数字"13"是不祥象征的印记。同时,传说耶稣是被钉死在13号十字架上的。

还有种迷信说法,每月的13日这一天,12个巫婆都要举行狂欢夜会,第13个魔鬼撒旦就会在夜会时出现,给人们带来灾难和不幸。包括俄罗斯人在内的西方人忌讳数字"13"还源于古代希腊。在希腊神话中12位天神出席了哈弗拉宴会。正是在此次宴会当中,第13位天神也是不速之客,烦恼与吵闹之神洛基忽然闯入导致天神宠爱的巴尔德尔送了性命。巴尔德尔是光明之神、快乐喜悦之神。在这次宴会中,洛基联合黑暗之神霍尔德尔箭射死了巴尔德尔。正是这第13位天神洛基的到来,将光明快乐喜悦之神巴尔德尔送向了死亡。由此"13"这个数字也开始被侵染上了死亡和不幸的色彩。巴尔德尔死了之后,整个地球都笼罩在了黑暗和哀伤之中。从此,数字"13"便成了不祥之兆,并成为西方世界的普遍共识流传至今。

第三章　经济数据看生活

【本章描述】

　　生活中有很多宏观、微观经济数据,总以为这些数据与我们的生活太过遥远,实则不然。宏观经济政策影响到我们生活的方方面面,了解宏观经济政策,从而对经济形势有个正确判断。结合宏观经济政策、行业发展前景和投资者信心等,也可以对资本市场走势做出趋势判断。因此,经济数据对生活影响是深远的,能够正确理解和解读重要的经济指标和经济数据是非常有必要的。本篇将介绍我国一些生活中常见的经济指标。

【具体要求】

　　1.了解常见经济指标的概念和意义。

　　2.掌握一些简单经济数据的计算。

　　3.能正确区分较容易混淆的概念。

　　4.正确理解经济里的就业与失业。

第一节　国民收入

一、GDP 与 GNP

国民收入是指一个国家在一定时期(通常为一年)内物质资料生产部门的劳动者新创造的价值的总和,社会总产品的价值扣除用于补偿消耗掉的生产资料价值的余额。我们通常用 GDP、GNP 等来衡量国民总收入,但最常用的还是 GDP。

GDP 能同时衡量两件事情,一个国家的总收入和这个国家的物品与劳务数量的总支出。由于在整体经济中,收入和支出必须相等,所以衡量总支出和总收入是同一回事。在整体经济中,每一卖者的收入刚好等于买者的支出。例如,一家服装厂的老板为工人支付了 2000 元的工资,这位工人以劳动力的卖者的身份得到了 2000 元。因此,无论是以支出的标准,还是以收入的标准,GDP 都增加了 2000 元。

二、GDP 与 GNP 的区别和联系

国内生产总值(GDP)是反映一国(地区)全部生产活动最终成果的重要指标,是一个国家(地区)领土范围内,包括本国居民、外国居民在内的常驻单位在报告期内所生产的最终产品和提供的劳务的价值总和。国民生产总值 GNP 是指一个国家的国民在一年中生产的最终产品(包括劳务)的市场价值的总和。

一个国家常驻机构单位从事生产活动所创造的增加值(国内生产总值),在初次分配过程中主要分配给这个国家的常驻机构单位,但也有一部分以劳动者报酬和财产收入等形式分配给该国的非常驻机构单位。同时,国外生产单位所创造的增加值也有一部分以劳动者报酬和财产收入等形式分配给该国的常驻机构单位,从而产生了国民生产总值概念,它等于国内生产总值加上来自国外的劳动报酬和财产收入减去支付给国外的劳动者报酬和财产收入。

GDP 是指在本国领土生产的最终产品的市场价值总和,以领土为统计标准。换言之,无论劳动力和其他生产要素属于本国还是外国,只要是在本国领土上生产的产品和劳务的价值都记入国内生产总值。GNP 是本国常驻居民生产

的最终产品市场价值的总和,它以人口为统计标准。换言之,无论劳动力和其他生产要素处于国内还是国外,只要是本国国民生产的产品和劳务的价值都记入国民生产总值。常驻居民包括居住在本国领土的本国公民、暂住外国的本国公民和常年居住在本国的外国公民。

举个例子来说,中国境内的可口可乐工厂的收入,并不包括在我们的 GNP 之中,而是属于美国的;而青岛海尔在国外开厂的收入则可以算在我们的 GNP 中。与 GNP 不同的是,GDP 只计算在中国境内产生的产值,它包括中国境内可口可乐工厂的收入,但不包括青岛海尔在国外开厂的收入。

国民生产总值＝国内生产总值＋暂住国外的本国公民的资本和劳务创造的价值－暂住本国的外国公民的资本和劳务创造的价值

我们把暂住国外的本国公民的资本和劳务创造的价值减暂住本国的外国公民的资本和劳务创造的价值的差额称为国外净要素收入,于是有:

国民生产总值＝国内生产总值＋国外净要素收入

当国外净要素收入为正值时,国民生产总值就大于国内生产总值;反之,当国外净要素收入为负值时,国民生产总值就小于国内生产总值。

三、无效 GDP 和消失的 GDP

GDP 并不是一个完美的指标,还有无效的 GDP 和消失的 GDP。因此我们计算国内生产总值还应建立有效 GDP 和累计 GDP 的概念。

有这么一则令人捧腹的经典故事:

有两个非常聪明的青年经济学家,他们经常为一些高深的经济学理论争辩不休。一天饭后去散步,为了某个数学模型的证明,两位青年又争了起来,正在难分高下的时候,突然发现前面的草地上有一堆狗屎。甲就对乙说,如果你能把它吃下去,我愿意出 5000 万元。5000 万元的诱惑可真不小,吃还是不吃呢?乙掏出纸笔,进行了精确的数学计算,很快得出了经济学上的最优解:吃!于是甲损失了 5000 万元。当然,乙的这顿加餐吃得也并不轻松。

两个人继续散步,突然又发现一堆狗屎,这时候乙开始剧烈地反胃,而甲也有点心疼刚才花掉的 5000 万元了。于是乙说,你把它吃下去,我也给你 5000 万元。于是,不同的计算方法,相同的计算结果——吃!甲心满意足地收回了 5000 万元,而乙似乎也找到了一点心理平衡。可突然,天才们同时号啕大哭:闹了半天我们什么也没有得到,却白白地吃了两堆狗屎!他们怎么也想不通,只好去请教他们的导师、一位著名的经济学泰斗。听了两个高足的故事,没想到泰斗也号啕大哭起来。好容易等情绪稳定了一点,只见泰斗颤巍巍地举起一根手指头,无比激动地说:"1个亿啊!"

两个人吃狗屎虽然创造了1个亿的GDP,但国民财富并没有增加,这就是无效的GDP。

再看一个例子。若某地遭受百年未遇的特大洪水,大量房屋被冲毁,大片庄稼被淹没,第二年灾后重建,建筑运输业等一片繁荣,这一年的GDP是往年的120%,但老百姓反倒感觉自己的生活质量比原来差了一大截。原因很简单,洪水把多年来的劳动成果毁于一旦,而劳动成果就是往年GDP的累积,这些GDP因为洪水瞬间消失。一边是GDP增加,一边是GDP的消失;或者是GDP在不断地增加,但增加的却是一些无效的GDP,那么再高的GDP发展速度也并不能证明社会的财富在增加,经济在发展。只有积累下来并为人们所需要的有效GDP才是人类真正的财富。

所以我们对GDP的认识有待提高和完善。如果启用了GDP有效累积这个概念,我们对一地的经济发展状况以及财富拥有程度就能够做出更加准确的判断,一地GDP的总有效累积数值越大,表明这个地方越富有;当年的GDP有效累积越多,说明当年此地的经济发展速度越快。

四、GDP和社会福利

GDP仅仅是一个数字指标。

在现代社会中,每个人和企业都要根据整体经济状况做出自己的决策,政府要根据宏观经济状况做出自己的决策。这就需要一个具体的指标来反映整体经济运行状况;而且,这种指标必须具体、准确,让人一看就懂。于是经济学家建立了国民收入核算体系,创造了GDP这个指标。自从20世纪30年代美国经济学家库兹理茨建立这个体系以来,GDP这个指标一直在使用和改进中。应该说,GDP是能基本反映一国整体经济运行状况与历史趋势的。

到现在为止,还没有一个人能提出广为公众接受的另一种指标体系来替代GDP,也没有一个国家不使用GDP这个指标,或者放弃GDP统计的计划。无论从历史还是现实来看,或者从世界各国来看,GDP增长与人民福利的增长基本都是同方向变动。

GDP表示一个国家的经济总量,这代表一国的经济实力和财富,是人民福利增加的基础,没有GDP的增长绝不可能有福利增加。追求GDP是各国政府的共同目标,这是没有错的。但GDP并不是衡量一国经济和人民福利的完善指标。

首先,GDP 的统计并不是准确的,有重复或遗漏了。由于 GDP 是计算物品与劳务的市场价值,不进入市场交易的物品与劳务就无法计算进去。法制越不完善,市场化程度越低,GDP 中遗漏的就越多。据经济学家估计,就全世界而言,这一部分占 GDP 的 2%—7%。

其次,GDP 没有反映出为增加 GDP 而付出的环境代价。例如,在 GDP 增长的同时环境恶化了,自然生态破坏严重,资源枯竭。这种代价无法计算入 GDP 中,但对人民福利有负面影响。正是基于这个原因,经济学家早就区分了反映生产水平的 GDP 和反映人民福利的净经济福利指数。

最后,GDP 是一个总量指数,没有反映出人均收入状况。在经济发展的某一阶段,随着 GDP 增长会出现收入分配差距扩大的现象。这时,GDP 增加反而会引起人民福利的下降。GDP 也好,人均 GDP 也好,都无法反映收入分配状况,从而出现"富裕中的贫困"这种不正常现象。

由于这些原因,我们不能把 GDP 作为衡量一国经济状况的唯一标准。在衡量经济与福利状况时还有物价指数、失业率、贸易总量、人均收入、环境污染指数、基金系数等指标。同时,由于各国市场化程度不同,汇率不同,也很难仅仅用 GDP 来比较各国的经济与福利水平。

我国 GDP 的增长率相当高,但由于底子薄、人口多,GDP 总量和人均 GDP 都还不高。保持较高的 GDP 增长率,仍然是重要的。GDP 不是万能的,但没有 GDP 却是万万不能的。但近些年来,一些地方政府片面追求 GDP 增长,而不考虑环境的代价。我们要纠正的是唯 GDP 论。这就是说,我们在追求 GDP 的同时,要注意保护环境、节约资源,并逐步缩小收入分化差距,提高社会保障水平。

许多经济学家认识到 GDP 这个指标所存在的各种问题,也在全力地完善国民收入核算体系和 GDP 指标。近半个世纪前,美国经济学家萨缪尔森就提出了净经济福利这个指标,但至今仍没有一套可以操作的计算方法,至今未被各国和联合国统计局采用。至于绿色 GDP 与净经济福利指标也并没有什么根本差别。在没有更好的、可替代 GDP 的指标出现之前,我们还不得不用 GDP,无论你爱 GDP 也好,恨 GDP 也好,使用 GDP 都是一种无可奈何的选择。

出于以上原因,在把 GDP 指标作为衡量经济增长的全面尺度时,必须予以正确理解、看待和使用。特别对于各级政府来说,不能把 GDP 增长速度作为衡量经济运行好坏的唯一标准,而应坚持速度与结构、质量、数量相统一,发展与资源环境要协调,把工作质量放在提高效益和可持续发展基础上,不能片面追求经济的高速度。

【思考与练习】

1. GDP 和 GNP 的区别有哪些?

2. 什么是无效 GDP? 如何正确认识 GDP 在经济生活中的作用?

3. 除了 GDP 之外,世界各国还用什么指标来衡量国民收入?

第二节 消费指数与物价

一、居民消费价格指数

在经济学上,称零售价指数,亦称居民消费价格指数(Consumer Price Index,CPI),是考察城市工薪居民购买的特定系列商品价格平均值的一个统计指标。它是衡量通货膨胀的主要指标之一。CPI 是一个固定的数量价格指数并且无法反映商品质量的改进或者下降,对新产品也不加考虑。

CPI 是反映与居民生活有关的产品及劳务价格统计出来的物价变动指标,如果消费者物价指数升幅过大,表明通胀已经成为经济不稳定因素,央行会有紧缩货币政策和财政政策的风险,从而造成经济前景不明朗。因此,该指数过高的升幅往往不被市场欢迎。

例如,在过去 12 个月,消费者物价指数上升 2.3%;那表示,生活成本比 12 个月前平均上升 2.3%。当生活成本提高时,你的金钱价值便随之下降。也就是说,一年前收到的一张 100 元纸币,今日只可以买到价值 97.70 元的货品及服务。一般说来,当 CPI>3% 的增幅时,我们称为 INFLATION,就是通货膨胀;而当 CPI>5% 的增幅时,我们把它称为 SERIES INFLATION,就是严重的通货膨胀。

二、如何正确理解 CPI

CPI 告诉人们的是,对于普通家庭的支出来说,购买具有代表性的一组商品,在今天要比过去某一时间多花费多少。例如,若 1995 年某国普通家庭每个月购买一组商品的费用为 800 元,而 2000 年购买这一组商品的费用为 1000 元,那么该国 2000 年的消费价格指数为(以 1995 年为基期)CPI＝1000/800×100％＝

125％,也就是说上涨了25％。

CPI是一个滞后性的数据,但它往往是市场经济活动与政府货币政策的一个重要参考指标。CPI稳定、就业充分及GDP增长往往是最重要的社会经济目标。不过,从中国的现实情况来看,CPI的稳定及其重要性并不像发达国家所认为的那样有一定的权威性,市场的经济活动会根据CPI的变化来调整。

但是真实的日常生活费用情况CPI是反映不出来的。我国CPI当中包含八大类商品:第一类是食品,第二类是烟酒及其用品,第三类是衣着,第四类是家庭设备用品和维修服务,第五类是医疗保健和个人用品,第六类是交通和通讯,第七类是娱乐、教育、文化用品和服务,第八类是居住。与居民消费相关的所有类别都包括在这八大类中。

在CPI价格体系中,食品类权重占到32.74％。在2008年,CPI增长幅度居高不下。这么高的增长幅度由什么原因导致的? 很大程度上还是由于我们日常生活必需品的费用增加了,这是导致CPI上升的主要原因之一。

三、消费者信心指数产生

消费者信心指数的产生是社会和经济学理论发展的必然结果。

第二次世界大战结束初期,随着美国经济的逐步复苏,美国国民的收入和消费发生了很大变化。经济学界一度比较担心,战后的一段时期里美国将会出现20世纪30年代大萧条时的那种紧缩和失业状况,但是实际情况却与政府和学界的预料大相径庭:消费者显示出了对未来经济发展的极大信心,突出表现就是他们将不断增长的收入投入消费,社会总需求迅速扩大。消费大增的同时储蓄率从1946年第一季度的11.7％,降低到1947年第二季度的2.2％,这是美国50年来纪录的最低点。旺盛的需求使1946年美国经济不仅没有衰退,反而面临着通胀的压力。

由此,经济学界开始关注消费者的经济行为与宏观经济进程的关系。在20世纪40—50年代,随着美国国内经济的发展变化,在凯恩斯的消费函数理论基础上,经济学家对消费与收入的相互关系从理论上进行了一系列补充和修正,出现了从相对收入、持久收入、生命周期、消费品存量等方面与消费支出的关系进行研究的学说,以及流动性约束、未来的不确定性对消费支出影响的假定。

消费函数理论的发展,向人们揭示了消费者行为不仅具有攀附性,而且随着收入的不断增长、信贷制度的不断完善,还具有前瞻性。作为一个理性的消费者在计划消费时,不仅仅是根据当前的收入水平,而且还依据对未来可能收入的预期。如果未来的就业稳定,收入提高足以抵补物价上涨,这种乐观的预期可以促使消费者大胆消费甚至不惜借钱消费;反之,如果消费者认为未来充满了不确定性,为了预防意外不测对家庭的影响,就会降低目前的消费转而增加储蓄。消费者预期在做出消费、储蓄决策时起着决定的作用。

1946年,美国联邦储备局进行了一次居民家庭的资产负债调查,调查的初衷是搜集居民家庭的资产和负债资料。尽管当时是出于技术手段的需要首先询问消费者对经济形势、就业、物价、利率的看法,但是后来的实践证明,这种对消费者的看法和预期的调查是一种创新。后来人们将这种情绪称作消费者信心。经过实践的检验和不断发展,消费者信心指数逐渐被社会认可并接受,成为经济生活中一个极受关注的重要指标。

四、什么是零售指数

2009年春节期间,中央电视台经济频道联合国家统计局、中国邮政集团公司,在全国范围内开展了"CCTV2008经济生活大调查"。农村被访者的消费选择依次为电脑、汽车、冰箱、摩托车、彩电、旅游、手机、空调、洗衣机。由此可见,农村居民对家电的需求十分旺盛。初步测算,全面实施"家电下乡",预计到2010年可以基本消化彩电、冰箱、洗衣机、空调、手机的中低端家电产品过剩产能,转移20%以上的出口能力,每年可降低顺差100亿美元,每年新增消费近1000亿元。

2009年中国农村居民的人均纯收入为4761元,而这样的收入水平似乎暗示着释放消费需求的可能,这相当于20世纪90年代后期城镇居民的收入水平,那时正是家电迅速普及的阶段。在出口受阻、经济低迷的形势下,拥有8亿多人口的农村市场,显示出了空前的吸引力。2009年2月1日起,家电下乡活动开始在全国推广。这是继国家对农民实行粮食直补、农资综合直补后,首次对农民在消费领域进行的直补。

消费是衡量居民生活水平的一个重要指标,同时也是推动国民经济发展的重要力量。这里涉及经济学的一个统计指标,即零售指数。

零售指数是一个包括现金购买和信用赊购的指标,它反映社会消费状况及总体经济活动。较高的零售指数表明社会消费充分,经济发展潜力大,利率趋升,美元汇率趋升。零售指数经常受到就业成长、出口增加、外部环境变化以及大众对利率感到满意等因素的刺激。例如,2003年的非典就对我国的旅游业、服务业等第三产业带来了很大的冲击。我们可以通过媒体公布的零售指数情况来了解社会的总体消费情况。一般而言,节假日是各个商家的好日子,大商场、超市络绎不绝的消费人流就是零售指数攀升的最好见证。看看 2002 年上海市零售指数的分布情况,我们就可以感受到零售指数的升降确实和我们的生活与消费息息相关。

从 2002 年 1 月 13 日到 19 日,随着春节的日益临近,消费品市场的生意日渐红火,市民为了置办年货在各大商场、超市间流连忘返。13 日至 19 日的消费品零售指数节节攀高,周六、周日的指数高高地越过了 200 点,周日的指数更是成为 2001 年 11 月以来的第二高点(元旦最高)。周平均消费品零售指数比上周上升了 7.86%。加上双休日的好天气,该周双休日的零售指数比上周的双休日指数高出 7.32%。

另外,零售指数还可以反映居民消费习惯的变化。一般来说,某类商品零售指数一路攀升说明该商品较火,相反,如果零售指数下降则表明该产品不够紧俏。通过消费者对产品的喜好,我们就可以判断出消费者消费习惯的变化。

零售指数主要有以下几个特点。

(一)受消费时间的影响很大

零售指数受节假日影响很大。一般来说,节日前后或节日期间是消费者与商家的黄金时间。例如,"五一""十一"的黄金周市场是在节日期间,而春节市场受采办年货等传统消费习惯影响,市场的高潮出现在节日之前,而不是节日期间。

(二)节日消费平稳

一般在节日期间,零售业指数都会保持在相对高位运行。例如,在"五一""十一"期间,指数高点均出现在第一天,此后逐日下降;春节市场第一天并不热闹,从大年初二开始渐入高潮,并且会在其高峰延续较长时间。

(三)传统消费活跃,超市、大卖场指数遥遥领先

从零售指数的分布情况来看,我们会发现超市、大卖场的收获往往大大超过其他业态。这主要是因为各大超市纷纷推出名目繁多、价格低廉的促销活动,吸引了大量采购年货的传统消费群体。

【思考与练习】

1. 消费价格指数与零售指数有何区别和联系?

2. CPI 与通货膨胀的联系怎样?CPI 如何影响我们的生活?

第三节　社会就业与失业

一、充分就业

充分就业也称作完全就业,在一定的货币工资水平下所有愿意工作的人都可以得到就业的一种经济状况。实际工资调整到劳动供求相等的水平,从而使劳动市场处于均衡的状态,这在宏观经济学中被称为充分就业状态。

充分就业是由英国经济学家凯恩斯于 1936 年在其著作《就业、利息和货币通论》中提出的范畴。凯恩斯认为,充分就业是由有效需求决定的。如果有效需求不足,从而造成非自愿性失业,社会就不能实现充分就业。

一般认为,充分就业不是百分之百就业,充分就业并不排除像摩擦失业这样的失业情况存在。大多数经济学家认为存在 4％－6％ 的失业率是正常的,此时社会经济处于充分就业状态。

对于社会来说,充分就业是社会经济增长的一个十分重要的条件。除了正常的暂时不就业(比如工作转换等),所有的人都找到合适的工作,整个社会劳动力没有浪费现象。要实现充分就业,政府必须加强经济干预,力求达到或维持总需求的增长速度和一国经济生产能力的扩张速度的均衡。对于个人来说,就业关乎个人尊严、自我实现。一个人在没有人情味的商业生活中养活自己,是一个人体面地生活、维护自尊所必需的。同时,就业还是人们追求生活的中心目标——自我实现的媒介。

二、失业

失业,是指有劳动能力并愿意工作的人得不到适当的就业机会。没有劳动能力的人不存在失业问题。有劳动能力的人虽然没有职业,但自身也不想就业的人,不称为失业者。

对失业的规定,在不同的国家往往有所不同。在美国,年满 16 周岁而没有正式工作或正在寻找工作的人都被称为失业者。

按照国际劳工组织(ILO)的统计标准,凡是在规定年龄的一定期间内(如一周或一天)属于下列情况的均属于失业人口:

(1)没有工作,即在调查期间内没有从事有报酬的劳动或自我雇佣。

(2)当前可以工作,就是当前如果有就业机会,就可以工作。

(3)正在寻找工作,就是在最近期间采取了具体的寻找工作的步骤。例如到公共的或私人的就业服务机构登记、到企业求职或刊登求职广告等方式寻找工作。

三、失业率

失业率是指失业人口占劳动人口的比率(一定时期全部就业人口中有工作意愿而仍未有工作的劳动力数字),旨在衡量闲置中的劳动产能。

通过该指标可以判断一定时期内全部劳动人口的就业情况。一直以来,失业率数字被视为一个反映整体经济状况的指标,而它又是每个月最先发表的经济数据,所以失业率指标被称为所有经济指标的"皇冠上的明珠",它是市场上最为敏感的经济指标之一。

一般情况下,失业率下降,代表整体经济健康发展,利于货币升值;失业率上升,便代表经济发展放缓衰退,不利于货币升值。若将失业率配以同期的通胀指标来分析,则可知当时经济发展是否过热,是否构成加息的压力,或是否需要通过减息以刺激经济的发展。

降低失业率的主要办法包括:

(一)人力培训计划

应该积极开展职业性技术教育和资助大学教育来提高工人的技术水平和应变能力,使结构性失业的人适应新兴工作岗位的需要,降低失业率。2009年,为应对金融危机对农民工就业的冲击,中国政府提出对返乡农民工进行培训。

(二)失业保障制度

根据美国各州的法律,如果工人在失业以前有足够的就业和收入记录,愿意就业而且也具有工作能力,又不是因为自己的过失被解雇的,那么,这些失业工人就可以得到失业保险的保护。失业保障最长可以延续26周,每周的失业津贴接近失业工人就业时每周正常收入的一半。

(三)公共部门就业

公共部门就业是指在各级政府投资的工程项目中的就业。为了解决某些在劳动力市场上缺少就业竞争优势的失业工人的就业问题,或者为了解决某一个地区的失业问题,政府可以有意识地兴办公共工程,来吸收这些劳动力,从而降低经济中的失业率。

四、失业的种类

解决失业问题,历来是政府的一项重要的宏观经济目标。尽管处于不同的国家,但各国政府都力图让民众充分就业。不过,充分就业并不等于全部就业,因为,即使有足够的就业机会,社会上也会有人失业。

在经济学理论中,学者们通过几十年的研究,将失业通过两种不同的分类方式,分别进行研究。其中,第一种是根据失业者的主观意愿,分为自愿失业和非自愿失业;第二种是在非自愿失业下,将失业分成摩擦性失业、结构性失业和周期性失业。在经济学中的失业,通常指的是非自愿失业。

自愿失业和非自愿失业的含义十分简单,容易理解。然而,后三种失业的概念,相信大多数人都还很陌生,我们在这里重点介绍一下。

(一)摩擦性失业

摩擦性失业是非自愿失业中的第一种重要类型,用通俗的话来说,就是人们在不断地更换工作时造成的失业。所谓摩擦性失业,是指人们为了找到最合适自己嗜好和技能的工作而在换工作的过程中发生的失业现象,是因劳动力市场运行机制不完善而造成的。之所以会造成这种失业,主要是因为在劳动力市场上信息流通不顺畅的情况下,一方面,新进劳动力市场的劳动者在找工作时,缺乏求职经验和信息,不能及时寻找到市场上存在的职位空缺,而造成失业;另一方面,对于那些有工作经验却曾经离职过一段时间的求职者来说,重新求职过程和花费时间以寻找合适工作,都会带来一定时间段内的失业。

有经济学家认为,这样的失业是劳动力市场里的"润滑剂",因为他能带来劳动力市场的高效率。不过,在生活中,我们常常看到的是,刚刚毕业的大学生由于对劳动力市场不了解,更容易盲目求职,不断更换工作。这样,反而对就业市场不利,极大地提高了失业率。

对于市场本身来说,其需求信息存在时间、空间的局限性。因此,无法从根本上消除摩擦性失业,但可以通过加速信息的流通和提高信息透明度、公开度等来降低此类失业发生的比率。

(二)结构性失业

结构性失业则是指一国或者区域因经济结构变化,产业兴衰转移,导致人们的技能与要招聘的技能不能配合而形成的失业。与摩擦性失业不同,结构性失业是由更宏观的因素造成的,例如,一国或者地区的经济结构调整等重大政策的执行,就会带来结构性失业。此时,失业者虽然能够得到劳动市场有关职位空缺的信息,由于能力与其不符,仍旧无法获得工作。也就是说,在结构性失业的情况下,职位空缺的信息能被劳动者所获得,但由于个人技能与结构性调整时造成的空缺职位不符,从而造成失业。可是,对于一个不断发展的经济体(国家和地区)来说,经济结构的不断调整是不可避免的,所以,此类失业通常也无法彻底解决。

面对结构性失业,政府若想减少其发生的概率,就必须通过加强教育及接受新的职业培训的方式来培养劳动者的相关技能,并且不时为求职者和就业者提供最新的政策信息,以便让人们有更多的机会进行职业生涯规划和技能调整。相对来说,这一调整过程会比较复杂,但并没有其他的有效应对方法。

(三)周期性失业

周期性失业是指经济周期中的衰退或萧条阶段因需求下降而造成的失业,也称为循环性失业,其主要原因是经济的周期变动。所以,它也就具有阶段性,通常发生在经济周期衰退的阶段。详细来说,经济在复苏和繁荣阶段,厂商为了扩充生产,大量增加雇佣人数,结果当经济发展到衰退和谷底时,由于社会需求不足,前景暗淡,厂商又会压缩生产,大量裁减雇员,从而形成员工的失业。

与前两种失业最大的不同就是,由于周期性失业由整体经济水平的衰退而引发,所以,它所造成的失业人口众多且分布广泛,是经济发展最严峻的局面,通常需要较长时间才能有所恢复。

失业的原因多种多样,但是,有一点,经济学家们可以得到肯定的回答,即失业是一种必然的现象,它是社会经济活动不断变动的结果。于是,美国的经济学家弗里德曼就提出了这样一个概念,即自然失业率,就是指在没有货币因素影响下,劳动力市场和商品市场自发供求力量发挥作用时应有的处于均衡状态的失业率。他认为,失业在任何时候都存在,并与劳动力市场的现存真实情况相适应,而一定时期中自然失业率的大小取决于与货币因素相对立的实际因素,如劳动力市场的有效性、竞争或垄断程度、阻碍或促进到各种职业部门去工作的因素等。

同时,其他经济学家也认为,确定自然失业率对判断一国经济是否实现了充分就业十分重要,只要自然失业率在一个较低的范围内波动,就不会对国家的经济造成太大的损害。

【思考与练习】

1. 失业率为什么是市场上最为敏感的经济指标之一？

2. 为什么说失业是一种必然现象？

3. 不同类型的失业有何区别？

第四节　货币不只是钱

一、货币的层次

当前,我国对货币层次的划分是：

M0＝流通中的现金；

狭义货币(M1)＝M0＋企业活期存款；

广义货币(M2)＝M1＋准货币(定期存款＋居民储蓄存款＋其他存款)。

另外还有 M3＝M2＋金融债券＋商业票据＋大额可转让定期存单等。其中,M2 减 M1 是准货币,M3 是根据金融工具的不断创新而设置的。

广义货币 M2 是一个金融学概念,它和狭义货币相对应,是反映货币供应量的重要指标。从 2011 年 10 月起,中国的 M2 还包括住房公积金中心存款和非存款类金融机构在存款类金融机构的存款。

一般来说,M0、M1、M2、M3 都是用来反映货币供应量的重要指标。M1 反映着经济中的现实购买力。M2 同时反映现实和潜在购买力。若 M1 增速较快,则消费和终端市场活跃；若 M2 增速较快,则投资和中间市场活跃。中央银行和各商业银行可以据此判定货币政策。M2 过高而 M1 过低,表明投资过热、需求不旺,有危机风险；M1 过高而 M2 过低,表明需求强劲、投资不足,有涨价风险。一般情况下,货币供应量与 GDP 增长和居民消费价格指数上升呈正相关。

最近十几年,我国广义货币供应量年增幅一直保持在 17％左右；有 4 年在 19％以上,最高的是 2009 年,增幅达 27.7％。

二、货币的职能

货币的职能大体可分四种,一是货币是交换媒介。在物物交易制度下,人们要花费很多时间去寻找交易伙伴。在现代经济中,通过货币这种交易媒介,人们在寻找交易伙伴方面所花费的成本被减到最小限度。二是货币是财富储藏。由于货币被社会普遍接受,人们可以随时用货币交换其他商品和劳务,所以,人们就可以用持有货币的方法来储藏财富。三是货币是核算单位。任何商品和劳务的价值都可以用货币来衡量。因此人们才可以对各种不同的商品和劳务的价值进行比较。四是货币有支付功能。人们可以用货币来偿还债务,包括债务的本金和利息。

三、货币危机

20世纪20年代,随着第一次世界大战的结束,世界经济进入衰退时期,欧洲各国的货币都摇摇欲坠。在这个时期,法国政府上演了一场精彩的货币保卫战,成功地捍卫了法郎。法郎危机也是伴随着第一次世界大战开始的。法国政府在"一战"中花掉了大量军费,这个数字是1913—1914年所有主要参战国军事费用的两倍。"一战"结束后,法国财政出现了62亿法郎的缺口,而且还有巨额贷款。1926年,法郎的汇率开始下滑。人们相信,法郎将会面临和德国马克一样的命运。当时的法国政府内阁束手无策,物价不停上涨,法郎持续贬值。这时,总理雷蒙·恩加莱开始掌权。他通过提高短期利率把短期借款转为长期借款,提高税收和削减政府支出,同时从美国摩根银行借来了一笔巨额贷款,使法国银行的现汇得以补充。一系列措施恢复了人们对法郎的信任。从此,法郎币值开始走稳,法国经济和政局也渐趋稳定。

货币危机的概念有狭义和广义之分。狭义的货币危机与特定的汇率制度(通常是固定汇率制)相对应,其含义是,实行固定汇率制的国家,特殊情况下(如在恶化的情况下,或者在遭遇强大的投机攻击情况下),对本国的汇率制度进行调整,转而实行浮动汇率制,从而使自由市场决定的汇率水平远远高于原来的官方汇率,这种情况就是货币危机。广义的货币危机泛指汇率的变动幅度超出了一国可承受的范围,通常情况表现为本国货币的急剧贬值。

当代国际经济社会很少发生一桩孤立的货币动荡事件。在全球化时代,由于国民经济与国际经济的联系越来越密切,一国货币危机常常会波及别国。

【思考与练习】

1.为什么说货币不只是钱?

2.广义货币M2的发行增速是不是越快越好?为什么?

3.简述货币危机的产生原因。

第五节 股市数据

一、股票类型

我国上市公司的股票有 A 股、B 股、H 股、N 股和 S 股等的区分。这一区分主要依据股票的上市地点和所面对的投资者而定。

A 股的正式名称是人民币普通股票。它是由我国境内的公司发行,供境内机构、组织或个人(不含台、港、澳投资者)以人民币认购和交易的普通股股票,1990 年,我国 A 股股票一共仅有 10 只,至 1997 年年底,A 股股票增加到 720 只,A 股总股本为 1646 亿股,总市值 17529 亿元人民币,与国内生产总值的比率为 22.7%。1997 年 A 股年成交量为 4471 亿股,年成交金额为 30295 亿元人民币,我国 A 股股票市场经过几年快速发展,已经初具规模。

B 股的正式名称是人民币特种股票,它是以人民币标明面值,以外币认购和买卖,在境内(上海、深圳)证券交易所上市交易的。它的投资人限于:外国的自然人、法人和其他组织,香港、澳门、台湾地区的自然人、法人和其他组织,定居在国外的中国公民,中国证监会规定的其他投资人。现阶段 B 股的投资人,主要是上述几类中的机构投资者。B 股公司的注册地和上市地都在境内,只不过投资者在境外。

自 1991 年年底第一只 B 股——上海电真空 B 股发行上市以来,经过 6 年的发展,中国的 B 股市场已由地方性市场发展到由中国证监会统管的全国性市场。到 1997 年年底,我国 B 股股票有 101 只,总股本为 125 亿股,总市值为 375 亿元人民币。B 股市场规模与 A 股市场相比要小得多。近几年来,我国还在 B 股衍生产品及其他方面做了一些有益的探索。例如,1995 年深圳南玻公司成功地发行了 B 股可转换债券,蛇口招商港务在新加坡进行了第二上市试点,沪、深两地的 4 家公司还进行了将 B 股转为一级 ADR 在美国柜合市场交易的试点等。

H 股,即注册地在内地、上市地在香港的外资股。香港的英文是 Hong Kong,取其首字母,在港上市外资股就叫作 H 股。依此类推,纽约的第一个英文字母是 N,新加坡的第一个英文字母是 S,纽约和新加坡上市的股票就分别叫作 N 股和 S 股。

二、ST、PT 股票

1998 年 4 月 22 日,沪、深证券交易所宣布将对财务状况和其他财务状况异常的上市公司的股票交易进行特别处理(英文为 special treatment,缩写为"ST")。其中异常主要指两种情况:一是上市公司经审计两个会计年度的净利润均为负值;二是上市公司最近一个会计年度经审计的每股净资产低于股票面值。在上市公司的股票交易被实行特别处理期间,其股票交易应遵循下列规则:

(1)股票报价日涨跌幅限制为 5%。

(2)股票名称改为原股票名前加"ST",例如"ST 钢管"。

(3)上市公司的中期报告必须经过审计。

PT 股是基于为暂停上市流通的股票提供流通渠道的特别转让服务所产生的股票品种(PT 是英文 particular transfer〈特别转让〉的缩写),这是根据《公司法》及《证券法》的有关规定,上市公司出现连续 3 年亏损等情况,其股票将暂停上市。沪、深证券交易所从 1999 年 7 月 9 日起,对这类暂停上市的股票实施"特别转让服务"。PT 股的交易价格及竞价方式与正常交易股票有所不同:

(1)交易时间不同。PT 股只在每周五的开市时间内进行,一周只有一个交易日可以进行买卖。

(2)涨跌幅限制不同。据最新规定,PT 股只有 5%的涨幅限制,没有跌幅限制,风险相应增大。

(3)撮合方式不同。正常股票交易是在交易日 9:15—9:25 之间进行集合竞价,集合竞价未成交的申报则进入 9:30 以后连续竞价排队成交。而 PT 股是交易所在周五 15:00 收市后一次性对当天所有有效申报委托以集合竞价方式进行撮合,产生唯一的成交价格,所有符合条件的委托申报均按此价格成交。

(4)PT 股作为一种特别转让服务,其所交易的股票并不是真正意义上的上市交易股票,因此股票不计入指数计算,转让信息只能在当天收盘行情中看到。

三、委比

委比是衡量一段时间内场内买、卖盘强弱的技术指标。它的计算公式为:委比=(委买手数-委卖手数)/(委买手数+委卖手数)×100%。从公式中可以看出,"委比"的取值范围从-100%至+100%。若"委比"为正值,说明场内买盘较强,且数值越大,买盘就越强劲。反之,若"委比"为负值,则说明市道较弱。

上述公式中的"委买手数"是指即时向下三档的委托买入的总手数,"委卖手数"是指即时向上三档的委托卖出总手数。如:某股即时最高买入委托报价及委托量为15.00元、130手,向下两档分别为14.99元、150手,14.98元、205手;最低卖出委托报价及委托量分别为15.01元、270手,向上两档分别为15.02元、475手,15.03元、655手,则此时的即时委比为-48.54%。显然,此时场内抛压很大。

通过"委比"指标,投资者可以及时了解场内的即时买卖盘强弱情况。

四、基金类型

根据基金是否可以赎回,证券投资基金可分为开放式基金和封闭式基金。开放式基金,是指基金规模不是固定不变的,而是可以随时根据市场供求情况发行新份额或被投资人赎回的投资基金。封闭式基金,是相对于开放式基金而言的,是指基金规模在发行前已确定,在发行完毕后和规定的期限内,基金规模固定不变的投资基金。

开放式基金和封闭式基金主要有如下区别:

(一)基金规模的可变性不同

封闭式基金均有明确的存续期限。在此期限内已发行的基金单位不能被赎回。虽然特殊情况下此类基金可进行扩募,但扩募应具备严格的法定条件。因此,在正常情况下,基金规模是固定不变的。而开放式基金所发行的基金单位是可赎回的,而且投资者在基金的存续期间内也可随意申购基金单位,导致基金的资金总额每日均在不断地变化。换言之,它始终处于"开放"的状态。这是封闭式基金与开放式基金的根本差别。

(二)基金单位的买卖方式不同

封闭式基金发起设立时,投资者可以向基金管理公司或销售机构认购;当封闭式基金上市交易时,投资者又可委托券商在证券交易所按市价买卖。而投资者投资于开放式基金时,他们则可以随时向基金管理公司或销售机构申购或赎回。

(三)基金单位的买卖价格形成方式不同

封闭式基金因在交易所上市,其买卖价格受市场供求关系影响较大。当市场供小于求时,基金单位买卖价格可能高于每份基金单位资产净值,这时投资者拥有的基金资产就会增加;当市场供大于求时,基金价格则可能低于每份基金单位资产净值。而开放式基金的买卖价格是以基金单位的资产净值为基础计算的,可直接反映基金单位资产净值的高低。在基金的买卖费用方面,投资者在买卖封闭式基金时与买卖上市股票一样,也要在价格之外付出一定比例的证券交易税和手续费;而开放式基金的投资者需缴纳的相关费用(如首次认购费、赎回费)则包含于基金价格之中。一般而言,买卖封闭式基金的费用要高于开放式基金。

(四)基金的投资策略不同

由于封闭式基金不能随时被赎回,其募集得到的资金可全部用于投资。这样基金管理公司便可据此制定长期的投资策略,取得长期经营绩效。而开放式基金则必须保留一部分现金,以便投资者随时赎回,而不能尽数地用于长期投资,一般投资于变现能力强的资产。

五、集合竞价

每一交易日中,任一证券的竞价分为集合竞价与连续竞价两部分,集合竞价是指对所有有效委托进行集中处理,深、沪两市的集合竞价时间为交易日上午9:15 至 9:25。集合竞价分四步完成。

第一步:确定有效委托在有涨跌幅限制的情况下,有效委托是这样确定的。根据该只证券上一交易日收盘价以及确定的涨跌幅度来计算当日的最高限价、最低限价。有效价格范围就是该只证券最高限价、最低限价之间的所有价位。限价超出此范围的委托为无效委托,系统做自动撤单处理。

第二步:选取成交价位。在有效价格范围内选取使所有委托产生最大成交量的价位。如有两个以上这样的价位,则依以下规则选取成交价位:

(1)高于选取价格的所有买委托和低于选取价格的所有卖委托能够全部成交。

(2)与选取价格相同的委托的一方必须全部成交。如满足以上条件的价位仍有多个,则选取离昨日市价最近的价位。

第三步:集中撮合处理所有的买委托按照委托限价由高到低的顺序排列,限价相同者按照进入系统的时间先后排列;所有卖委托按委托限价由低到高的顺序排列,限价相同者按照进入系统的时间先后排列。依序逐笔将排在前面的买委托与卖委托配对成交,即按照"价格优先,同等价格下时间优先"的成交顺序依次成交,直至成交条件不满足为止。所有成交都以同一成交价成交。

第四步:行情揭示。

(1)如该只证券的成交量为零,则将成交价位揭示为开盘价、最近成交价、最高价、最低价,并揭示出成交量、成交金额。

(2)剩余有效委托中,实际的最高叫买价揭示为叫买揭示价,若最高叫买价不存在,则叫买揭示价揭示为空;实际的最低叫卖价揭示为叫卖揭示价,若最低叫卖价不存在,则叫卖揭示价揭示为空。集合竞价中未能成交的委托,自动进入连续竞价。

六、股市辞典

股票市场的前身起源于1602年荷兰人在阿姆斯特河大桥上进行荷属东印度公司股票的买卖,而正规的股票市场最早出现在美国。股票市场是已经发行的股票转让、买卖和流通的场所,包括交易所市场和场外交易市场两大类别。中国有上交所和深交所两个交易市场。股票市场交易有其相应的规定,收集了如下股市名词,供大家学习。

【开盘】在证券交易所证券交易中,每天开市的首次交易为开盘,按开盘价的不同分为高开、低开和平开。

【开盘价】指某种证券在证券交易所每个营业日的第一笔交易,第一笔交易的成交价即为当日开盘价。按上海证券交易所规定,如开市后半小时内某证券无成交,则以前一天的盘价为当日开盘价。有时某证券连续几天无成交,则由证券交易所根据客户对该证券买卖委托的价格走势,提出指导价格,促使其成交后作为开盘价。首日上市买卖的证券经上市前一日柜台转让平均价或平均发售价为开盘价。

【收盘价】指某种证券在证券交易所一天交易活动结束前最后一笔交易的成交价格。如当日没有成交,则采用最近一次的成交价格作为收盘价,因为收盘价是当日行情的标准,又是下一个交易日开盘价的依据,可据以预测未来证券市场行情。所以投资者对行情分析时,一般采用收盘价作为计算依据。

【成交数量】指当天成交的股票数量。

【最高价】指当天股票成交的各种不同价格中的最高成交价格。

【最低价】指当天成交的不同价格中的最低成交价格。

【反弹】指在下跌的行情中,股价有时由于下跌速度太快,受到买方支撑面暂时回升的现象。反弹幅度较下跌幅度小,反弹后恢复下跌趋势。

【成交笔数】指当天各种股票交易的次数。

【成交额】指当天每种股票成交的价格总额。

【涨跌】以每天的收盘价与前一天的收盘价相比较,来决定股票价格是涨还是跌。一般在交易台上方的公告牌上用"＋""－"号表示。

【价位】指喊价的升降单位。价位的高低随股票的每股市价的不同而异。以上海证券交易所为例:每股市价未满 100 元价位是 0.10 元,每股市价 100—200 元价位是 0.20 元,每股市价 200—300 元价位是 0.30 元,每股市价 300—400 元价位是 0.50 元,每股市价 400 元以上价位是 1.00 元。

【盘整】指股市上经常会出现股价徘徊缓滞的局面,在一定时期内既上不去,也下不来,上海投资者们称此为僵牛。

【配股】指公司发行新股时,按股东所有人的股份数,以特价(低于市价)分配给股东认购。

【报价】指股票交易中卖方愿出售股票的最低价格。

【蓝筹股】指资本雄厚、信誉优良的挂牌公司发行的股票。

【多头市场】也称牛市,就是股票价格普遍上涨的市场。

【空头市场】股价呈长期下降趋势的市场。空头市场中,股价的变动情况是大跌小涨。亦称熊市。

【股本】所有代表企业所有权的股票,包括普通股和优先股。

【套牢】指预期股价上涨,不料买进后,股价一路下跌;或是预期股价下跌,卖出股票后,股价却一路上涨。前者称多头套牢,后者是空头套牢。

【抢帽子】指当天低买再高卖,或高卖再低买,买卖股票的种类和数量都相同,从中赚取差价的行为。

【集合竞价】每早 9:15—9:25,通过计算机撮合配对,以价格优先、时间优先为指标确定价格。

【除息】指股份公司向投资者以现金股利形式发放红利。除息前,股份公司需要事先召开股东会议确定方案、核对股东名册,除息时以规定某日在册股东名单为准,并公告在此日以后一段时期为停止股东过户期。除息同样会造成股价下跌,投资者应谨慎判断。

【除权】股份公司在向投资者发放股利时,除去交易中股票配股或送股的权利称为除权。与除息一样,除权时也以规定日的在册股东名单为准,并公告在此日以后一段时期为停止股东过户期。除权一般会造成股价的下跌,投资者不能轻易就此做出股价处于低位的判断,而应根据股价的走势,做出正确的判断。

【牛市】指较长一段时间里处于上涨趋势的股票市场。牛市中,求过于供,股价上涨,对多头有利。

【熊市】指较长一段时间里处于下跌趋势的股票市场。熊市中,供过于求,股价下跌,对空头有利。

【买空】投资人预期股价将要上涨,以提交保证金方式融资购买股票,然后待股价上涨后卖出,以赚取差价。这种方式称为买空。

【卖空】投资人预期股价将要下跌,以提交保证金方式借到股票,先卖出,而后待到股价下跌到预期程度时,再买进,以赚取差价。这种方式称为卖空。

【思考与练习】

1. 国内的股票有哪几种类型?

2. 查询某只股票近三年的股价及市值变化数据,编制成图表,并进行简要分析。

【学习贴士】

恩格尔系数与基尼系数

恩格尔系数是德国统计学家恩思特·恩格尔阐明的一个定律:就是随着家庭和个人收入的增加,收入中用于食品方面的支出比例将逐渐减小,这一定律被称为恩格尔定律,反映这一定律的系数被称为恩格尔系数。恩格尔系数即食品支出总额占消费支出总额的比率。

恩格尔系数主要表述的是食品支出占总消费支出的比例随收入变化而变化的一定趋势,揭示了居民收入和食品支出之间的相关关系,用食品支出占消费总支出的比例来说明经济发展、收入增加对生活消费的影响程度。一个国家、地区或家庭生活越贫困,恩格尔系数就越大;反之,生活越富裕,恩格尔系数就越小。

国际上常常用恩格尔系数来衡量一个国家和地区人民生活水平的状况。根据联合国粮农组织提出的标准,恩格尔系数在59%以上为贫困,50%—59%为温饱,40%—50%为小康,30%—40%为富裕,低于30%为最富裕。

基尼系数(Gini Coefficient)是意大利经济学家基尼(Corrado Gini,1884—1965)于1922年提出的,定量测定收入分配差异程度。其经济含义是:在全部居民收入中,用于进行不平均分配的那部分收入占总收入的百分比。基尼系数最大为"1",最小等于"0"。前者表示居民之间的收入分配绝对不平均,即100%的收入被一个单位的人全部占有了;而后者则表示居民之间的收入分配绝对平均,即人与人之间收入完全平等,没有任何差异。但这两种情况只是在理论上的绝对化形式,在实际生活中一般不会出现。因此,基尼系数的实际数值只能介于0—1之间。目前,国际上用来分析和反映居民收入分配差距的方法和指标很多。基尼系数由于给出了反映居民之间贫富差异程度的数量界线,可以较客观、直观地反映和监测居民之间的贫富差距,预报、预警和防止居民之间出现贫富两极分化,因此得到世界各国的广泛认同和普遍采用。

按照联合国有关组织规定:基尼系数低于 0.2 表示收入绝对平均,0.2—0.3 表示比较平均,0.3—0.4 表示相对合理,0.4—0.5 表示收入差距较大,0.5 以上表示收入差距悬殊。经济学家们通常用基尼指数来表现一个国家和地区的财富分配状况。这个指数在 0 和 1 之间,数值越低,表明财富在社会成员之间的分配越均匀;反之亦然。通常把 0.4 作为收入分配差距的"警戒线",根据黄金分割律,其准确值应为 0.382。一般发达国家的基尼指数在 0.24 到 0.36 之间,美国偏高,为 0.4。中国大陆基尼系数 2010 年超过 0.5,贫富差距较大。此外,洛伦茨曲线讲的是市场总发货值的百分比与市场中由小到大厂商的累积百分比之间的关系。洛伦茨曲线的弧度越小,基尼系数也越小。

第四章　现代数字信息

【本章描述】

　　本章将从整体上讲述计算机科技发展对人类生活的影响,内容包括物联网、大数据及云计算的相关知识和技术。学好本章内容,是为了更好地理解科技发展给人类生活带来的影响,为日后深入应用这些技术奠定基础。

【具体要求】

　　1.理解物联网、大数据及云计算的相关概念与技术。

　　2.熟悉物联网、大数据及云计算技术的相关应用。

　　3.了解大数据时代怎样保护自己的隐私。

第一节　物联网简述

一、物联网概念

以下是一位名叫苏的女士一天的日程安排：

上午 7:00

伴随着清脆的鸟叫声,窗帘缓缓地自动上升,迎来清晨的第一束阳光。大自然模式的叫醒信号,让苏舒服地醒来,她愉快地起身,随手拿起床头柜上的手机,她点击屏幕,查看了一下小区附近的路况,满意地点了点头。

上午 7:15

走到衣柜前,通过衣柜界面的图标选项为自己搭配好今天的服装。打开衣柜时,所选衣物已经井然有序地摆放在柜门边。换好行装后照一照镜子,镜子对她的面部进行了扫描,以此来检查她的身体健康状况。测量了她的心跳、血液中血红蛋白的水平和呼吸情况后,为她提供健康和美容建议。刷牙洗脸的间隙,她轻触智能镜子,观看晨间新闻,继而点开另一个界面查看当天的日程安排。在确认无误后,信息会自动备份到手机上,以便随时查看。

上午 8:00

洗漱完毕后,苏走进厨房,冰箱上显示着本周营养菜谱以及需要添购的食物仿真图。经她确认后,厨房里的全自动烹饪设备开始工作,手机自动编辑出一份购物清单。

上午 8:30

用完早餐,苏挎着包准备去上班。走到门口时,驾驶室的车门自动打开,上车后车厢内响起了经典的卡农钢琴曲。在她语音选择目的地和无人驾驶模式后,汽车自己启动,开往公司。苏是知名服装公司的一名高级设计师,在车内拿出昨天改好的设计稿,轻触图片,静态图变成了动态图,模特们时装盛展,款款而至,设计富有时代感,精致典雅,充满艺术气质。她自信满满地将设计稿传给了领导,当苏通过手机信号将信息传到对方手机上时,对方接收到信号后,将信息传输到智能办公桌面上,识别以后便显现出来。

上午 9:00

到了公司,她便投入一天忙碌的工作中。今天已经是敲定设计稿的最后日程,按照惯例,领导、苏和他们伦敦、巴黎以及纽约分公司的其他高级设计师之间要开一个重要的视频会议。分公司的设计师们通过远程监控系统,与苏实时分享讨论服装设计的细节部分,经过一番唇枪舌剑,终极设计稿完美展现在大家面前。

下午 5:00

下班后,苏走出公司大楼,来到附近的一家大型超市。她拿出手机查看购物清单,物品右侧显示着所需数量和该超市具体商品摆放三维图。大约 15 分钟,苏已经选购好各式各样的商品,走向付款区。因为每款商品包装上植入了芯片,所以在她选购好的同时,就已为她算好价格。她只需掏出手机,在扫描器上一刷,便可快速离去。对苏来说,现在什么都可以不带,但万万不能不带手机。通过手机,她能轻松应对工作和生活,能随时观察家里的一切,能轻松指挥家里的所有事务。

下午 6:00

在回家的路上,她通过手机遥控,先把灯、热水打开,回到家直接泡澡,同时还可以选择桑拿或 SPA 等健康洗浴、水疗方式。室内光线太强、温度太高、缺少些愉快的音乐……轻触手机屏幕,全部搞定。

晚上 7:30

吃过晚饭,苏建议老公和两个女儿陪她一起看好莱坞科幻大片。坐在电动按摩椅上的她,说一句"我来了"。全部灯光自动打开,智能影院控制系统还会根据室内温度,自动选择打开空调或地暖,排风置换最新鲜的空气,电动投影幕缓缓下降。接着,她按下"影院"模式,主要照明灯及背景墙灯立即关闭,小夜灯开启。当光源全部光闭的时候,投影仪、高清播放器、功放已全部开启并自动切换到影片播放的需要状态。观看 3D 电影,不再需要佩戴厚重的 3D 眼镜,就能身临其境地享受大片的洗礼。电影结束后,她直接启动"离场"模式,当他们离开影视室后,全室灯光已在预设延时关闭的时间之后自动全关,一段美好的影视大餐愉快谢幕。

晚上 9:30

夜稍深了,苏把两个女儿分别带回她们的卧室睡觉。小女儿吵着想看星星,她只按了一个键,天花板就变成了令人浮想惊叹的灿烂星空。数着"天上的星星",小女儿安然入睡了。苏健步回到自己卧室躺下,这是一张可遥控升降的智能床,床垫十分柔软,加上震动按摩,能给人一种海滩上冲浪的感觉。小巧的记忆枕不仅可以护颈,还可以带她舒适又快速地进入梦乡。

随着物联网时代的到来,我们每个平凡人都可以享受这样的生活。通过物联网技术,将家中的各种设备连接到一起,提供家电控制、照明控制、窗帘控制、电话远程控制、室内外遥控、防盗报警、环境监测、暖通控制、红外转发以及可编程定时控制等多种功能和手段,帮助家庭与外部保持信息交流畅通,优化人们的生活方式,帮助人们有效安排时间,增强家居生活的安全性,甚至为各种能源费用节约资金。

那么,在这样的生活中,各个物品之间又是如何进行协调,如何运作,又是如何为我所用的呢?首先我们得理解物联网的概念。物联网是指通过射频识别(RFID)、红外感应器、全球定位系统、激光扫描器等信息传感设备,按约定的协议,把任何物品与互联网连接起来,进行信息交换和通讯,以实现智能化识别、定位、跟踪、监控和管理的一种网络。物联网就是"物物相连的互联网"。这有两层意思:第一,物联网的核心和基础仍然是互联网,是在互联网基础上的延伸和扩展的网络;第二,其用户端延伸和扩展到了任何物品与物品之间,进行信息交换和通讯。

二、IP 地址

怎么与任一物品产生关联并进行控制呢?即赋予这些物品唯一性,我们便可以随时随地找到指定物品且下达命令。打个比方,现在的每户人家都有自己的住宅地址,而且这个地址又是全球唯一的。只有这样,快递员才能方便快捷地把物品送到你的手上。然而,我们如何给这些物品标一个全球唯一的地址呢?IP 地址的出现将逐步解决我们所面临的问题。在当下日常生活中常用的是IPv4 地址,它由 32 位二进制数来表示,并且经常以 4 个两位十六进制数字表示,也常以 4 个 0 至 255 间的十进制数字表示,数字之间以小数点间隔,比如局域网的 IP 地址 192.168.1.100。在计算机中数字的表示常常用二进制与十六进制来表示。二进制数据是用 0 和 1 两个数码来表示的数。它的基数为 2,进位规则是"逢二进一",借位规则是"借一当二"。十六进制是由 0—9,A—F 组成,字母不区分大小写,进位规则是"逢十六进一",借位规则是"借一当十六"。与十进制的对应关系是:0—9 对应 0—9,A—F 对应 10—15。IPv4 的地址空间可能具有多于 40 亿的地址,但随着社会的发展,物联网不断地延伸,需要 IP 地址的数量不断增加,希望可以连接到地球上的任一物体,这时 IPv4 的地址数量变得远远不够用了,IPv6 就应运而生了。

IPv6 地址为 128 位长,但通常写作 8 组,每组为 4 个十六进制数的形式。例如 2001：0db8：85a3：08d3：1319：8a2e：0370：7344。与 IPv4 相比,IPv6 最为重要的特性在于其更为庞大的地址空间。因此随着 Internet 的持续发展,IPv4 的地址空间再也无法进行扩充,不可避免要升级到 IPv6。而 IPv6 支持高达 4GB 的数据包,因此在较高速的网络上性能更佳。

三、无线射频识别 RFID

世界上的所有物品都有了唯一标志后,这个标志的信息载体又该放在哪呢? 我们先来看看生活中的例子:在大型超市里,随处可见商品包装上的条形码。结账时,收银员会拿起扫描器,扫描每样商品上的条形码,如果遇到被损坏或是看不清的条形码,他们便会手动输入条形码下面的数字。

随着移动互联网的发展,二维码也在不断地发展,它不仅出现在火车票上,还出现在微信中。在日常生活中,这些技术的出现大大提高了工作效率,但还是远远满足不了人们的需求。稍微留意一下,你就会发现,排队消费的现象仍然屡见不鲜。

那么,现有的技术能否从根本上解决这类问题呢? 有的,用无线射频识别技术(Radio Frequency Idenfication,RFID)就可以解决这些问题。

它是一种非接触的自动识别技术,其基本原理是利用射频信号和空间耦合或雷达反射的传输特性,实现对被识别物体的自动识别。RFID 系统基本上最少由两部分组成:电子标签和阅读器。

四、物联网简单应用实例

大约在 2025 年,物联网技术将遍布生活的方方面面,融入我们的日常生活

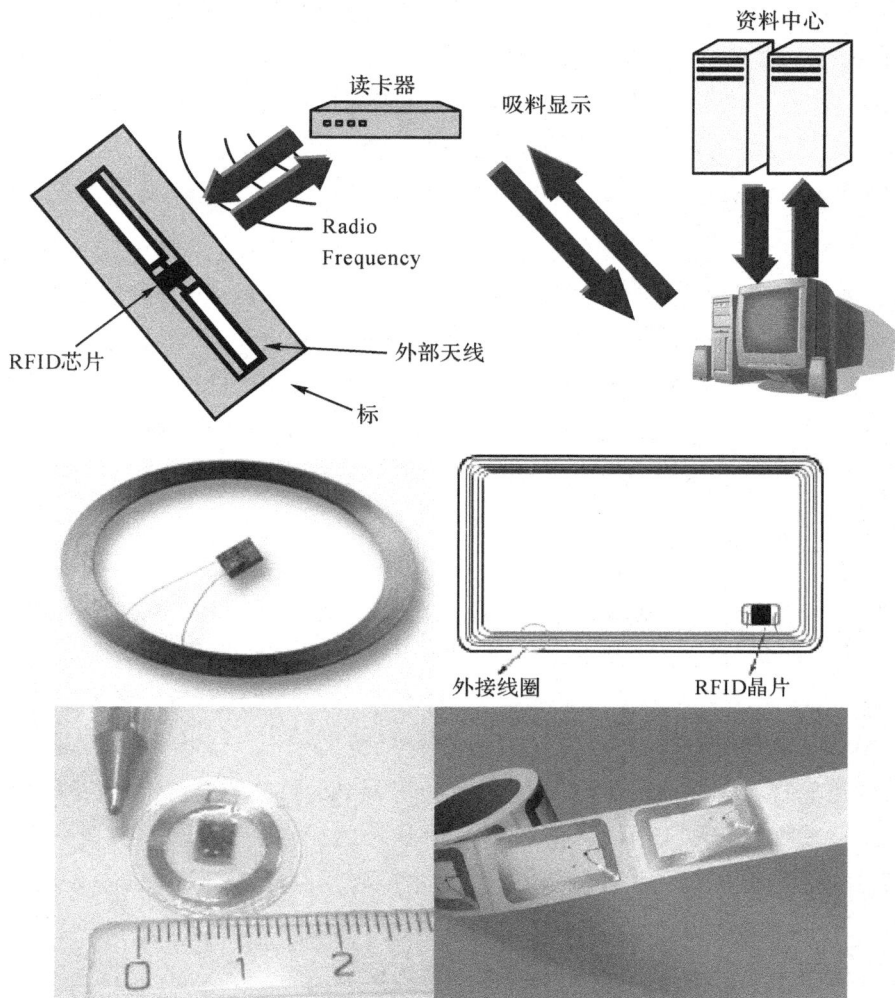

读卡器　吸料显示　资料中心

Radio Frequency

RFID芯片　外部天线　标

外接线圈　RFID晶片

中。到时候人们可以跟任何设备对话,以一定的信号传递方式进行沟通。而在当下,我们完全可以做到通过物联网来控制电灯、电饭煲、空调,甚至是汽车。下面通过以下几个例子来看看现在的物联网设备。

(一)马桶

物联网时代的马桶可以自动开关盖,并且可以通过你的排泄物成分来分析你的健康状况,最终向你的客户端提供一份营养套餐与运动健身计划来改善你的体质。

(二)个人护理

在未来,健康护理专家有大部分人要转行,代替他们的将是物联网技术。比如每天我们要进行刷牙,牙齿的健康非常重要,未来可以通过智能牙刷进行日常口腔数据采集并生成分析图表,进而估算出口腔健康情况。还有一些类似血糖分析仪的家用自检设备,在技术上成熟以后,未来体检与健康护理方案都可以在家完成,一定程度上可以防范重大疾病的发生。

(三)家庭安全

在视频网络监控不断发展的今天,已经有很多成熟的图像识别技术,这些摄像头未来都可以应用于安全监控系统。物联网技术可以让你随时随地通过手机、ipad 查看家里的情况,并且可以智能提醒家中是否入窃。当然,家里还可以安装很多安全设备,如窗户传感器、智能门铃(内置摄像头)、烟雾监测器等,这些设备之间可以相互配合,通过智能分析,主动提醒用户是否存在安全问题。

五、AR 技术

当下比较流行 AR 技术,即增强现实技术,它是一种能将虚拟世界与现实世界完美结合起来的高科技技术,能让人快捷方便地去认识现实世界。

AR 技术可以完美地结合时装业,这样可以减少人们逛商城、不断换衣服的时间,给生活带来了极大的方便。加州的一家新公司 Cymplifi 就看到了这份商机,已经发布了一款时装 APP,其技术就是基于 AR 技术,通过这款 APP 可以让客户足不出户就能"试衣服"。使用方法也是较为简单,只需客户自己的照片或是视频中的人与服装图片相叠加;还可以发布到网络上,与好友或是网友互动,征求意见,再来决定买哪件。目前这些技术还需要进一步提高,特别是用到视频中,这就需要我们把实时视频图像和真人 3D 模拟结合起来。

另一款 Fashion3D 在 2013 年秋季首次与世人见面,当时马上引起很多人的关注。而这款软件可以有效解决实时视频图像和真人 3D 模拟结合的问题,客户只需要站在全身镜大小的显示屏前,根据自己的喜好来选择服装。这样就可以省掉商场试衣的烦琐,还可以在软件上随意选择、任意搭配,能更快地找到自己心仪的衣服。

AR 技术同样也可以应用到化妆上。这方面的应用前景还是相当广泛的,现有的像 Sephora 专卖店,在米兰分店里就安装了眼影"AR 镜"(Modiface 软件)。客户可以根据自己的喜好来搭配自己的"妆容"。这方面的软件还是蛮多的,像数字创意工作室 Holition 发明的 Face 软件,其功能更加齐全,可以细致到做一些虚拟口红、腮红、底妆等相关化妆,还可以旋转,从不同角度观察化妆效果。

　　在家具方面,AR 技术也是非常抢眼,比如 Cimagine 公司,利用 AR 技术来帮助我们挑选家具。可以利用手机或是平板,实时地任意选择家具的摆放位置。客户可以随自己的心情任意摆放桌椅、沙发来虚拟真实环境,实现将新沙发、桌椅等的摆放效果真实地展现在客户面前。

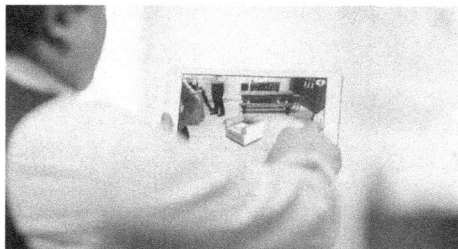

　　AR 技术的应用领域非常广泛,可以用于汽车,可以用于电影,也可以用于教学,等等。随着技术的不断发展,AR 技术在现实生活和虚拟世界中的应用将会更为广泛。

六、智能机器人

　　韩国围棋大师李世石与谷歌 AlphaGo 的世纪大战,引发了人们对于人工智能的无限思考,那么未来智能机器人能否代替人类,这是一个仁者见仁智者见智的问题。很多科幻片中都讲述了人类被机器人统治的故事。不管未来结果如何,我相信机器人的发展一定程度上会解放我们的双手。机器人将会渐渐地融入我们的生活中,成为我们生活上的好帮手或者生活上的好管家。

　　相信很多家庭都用上了会洗碗的机器人,一定程度上能减少我们的家务劳动,但厨房里还有很多事情需要做,那么有没有想过有一位像米其林大厨一样的烹饪机器人,大家见过吗? 英国首次推出了一套概念型机器人,系统名叫 Moley。这款机器人能够实现完全自动化的烹饪体验。系统里内置了摄像头,可以实时捕捉厨师的烹饪动作,并根据这些观察效仿同样的动作,最终实现烹饪。同样,这套 Moley 系统中有机械手臂与触觉传感器,它的灵活性大大高于人类的手臂,完全可以做到切、搅拌、倒等一系列动作,甚至可以做到打开燃气灶、关闭吸油烟机等。另外,Moley 系统还配上一些终端 APP,可以方便用户对其操作。

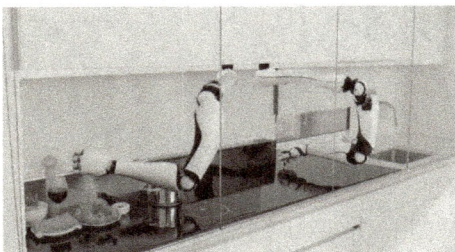

英特尔与 Segway 合作研发了一款机器人管家,它是由平衡车外观模型进行改造,这款机器人可以捕捉人类的各种面部表情与手势,并且可以视频显示,还可以接受主人"下达"的命令,并能完成相应的任务。在完成任务过程中,可以灵活地避开障碍物。如果主人不在家时,可以作为监控用,记录家里的情况;等主人回家时,会告诉你今天有谁来过,基本上可以看成一位"机器人管家"。

智能机器人的应用面是比较广泛的,各个领域都在推进过程中,并且已经有很多应用产生了很好的效果,非常有效地帮助我们人类完成了工作。机器人的应用前景是非常具有潜力的。

【思考与练习】

1.谈谈你对物联网的理解。

2.什么是 AR 技术?

3.列举一些国内机器人的应用例子。

第二节　大数据

一、大数据概念

每天,你从网络上汲取所需;每时,你在网络上分享所有;每刻,你用网络沟通世界。其实,每一个人,都是互联网的节点,20世纪40年代,第一台电子计算机问世,电子技术以前所未有的速度颠覆着我们的生活,冲击着原有的经济模式,一批批的中小企业借力信息化和网络营销迅速成长,今天,另一个变革已经来临,这就是大数据时代。

在大数据时代,也许每天都会产出1000PB的数据,从信息匮乏到信息爆炸似乎就在一夜之间发生了,人们开始苦恼于众里寻他千百度,而惊喜于蓦然回首那人却在灯火阑珊处,于是搜索引擎成了把握这个时代的利器。在中国95%以上的网民习惯了在遇到问题时百度一下,平均每天每个人会在百度做11次搜索或者相关的行为,有超过61次的搜索请求来自各行各业,他们得到自己的所需,也留下宝贵的痕迹。探寻类似全样本的数据源,我们对世界的认知将更为精准,挖掘不为所知的相关性,我们对于世界的把握将更为全面,数据之中蕴藏的巨大机会正逐步被解开。

大数据听起来很时髦,那到底什么是大数据呢? 对于国家而言,大数据是未来的新石油;对于企业而言,大数据是他们梦想的摇篮。生活在大数据时代,你以为还离大数据很远,那就错了。下面我们带领大家从一个卖比萨的销售案例来感受一下身边的大数据。

店　　家:想吃就吃比萨店。您好,请问您需要什么样的服务呢?

消费者:你好,我想要一份比萨。

店　　家:陈先生,要不要试试我们的低脂健康比萨?

消费者:你怎么知道我会喜欢这种?

店　　家:您上星期一在中央图书馆借了一本《低脂健康食谱》,根据您的医疗记录,您的血压和胆固醇都偏高,您不能再像以前那样吃海鲜比萨了。

消费者:那好,那我要一个家庭特大号的,多少钱啊?

店　　家:99元,这个足够您一家六口吃了,但您的母亲应该少吃一点,她上个月刚刚做了心脏搭桥手术,还处在恢复期。

消费者:哇,这些你们都知道? 你们多久能送到?

店　家:大约30分钟。如果您不想等,可以自己骑车来,根据我们全球定位系统的车辆行驶自动跟踪系统记录,您登记的一辆摩托车正在我们附近行驶。

消费者:哦,我的天哪!

这虽然只是一段情景模拟,但您正在关注的比萨店说不定也正在朝这个方向努力。对话中的客服之所以能够对一个普通用户了如指掌,进行如此精准的销售,是因为一套大数据系统,它不光根据客户打来的一个电话识别出了客户的身份信息,还连入了医疗系统,了解客户的血压和胆固醇,又根据客户在中央图书馆的借书记录为他推荐低脂健康比萨,还顺便把人家老母亲的健康状况也一道掌握了。这套销售系统收集了客户的大量数据信息,这些数据汇集来之后大数据的奥妙就显现出来了,在背后指导你如何卖比萨。

刚才卖比萨的例子,有一些虚构的成分。我们再来看一个影视剧行业的经典案例,让您感受一下大数据的魔力。美剧《纸牌屋》的魅力正是来自对大数据的分析,这部用大数据算出来的电视剧,包含了3000万用户的收视选择,拍什么,谁来拍,谁来演,怎么播,都由数千万观众的客观喜好决定。《纸牌屋》是由美国网飞公司推出的。网飞是美国最大的DVD与网络视频租赁网站,他们在全球有3300万用户,公司利用从流媒体视频用户处收集到的数据,包括每一次搜索,每一次暂停,每一次积极或消极的评价,还有自己的位置数据、设备数据、社交媒体数据等等来进行分析,他们发现自己的观众都喜欢演员凯文·史派西,还喜欢导演大卫·芬奇,并且喜欢1990年的英国同名电视剧《纸牌屋》,这三项综合在一起,网飞下定决心拍摄《纸牌屋》,并将数据分析运用得淋漓尽致,网飞在观影页面上提供暂停后截图的功能,他们依靠这种数据来判断观众更喜欢哪种布景和画面,也因此让这部美剧大获成功。毫不夸张地说,信息时代我们生活工作的方方面面都必须得和大数据接轨,不过究竟什么是大数据,大数据又有哪些特征,您是不是还有一些雾里看花的意思? 下面我们从学术角度再做分析,相信您立马就能豁然开朗。

何谓大数据,最为严谨权威的定义这样讲,大数据或称巨量数据、海量数据,指的是所涉及的数据量规模巨大到无法通过人工,在合理时间内达到截取、管理、处理,并整理成为人类所能解读的信息。通俗点说,大数据就是人工很难处理的数据集。我们讲大数据,那么大数据到底有多大? 据IDC(国际数据公司)的统计,在2011年的时候,我们当时的数据量达到了1.8ZB。那么1.8ZB又是什么概念呢？我们常说的 KB 是 2 的 10 次方个 Byte,那么接下来一直往下走,1 个 ZB 是 2 的 10 次方 EB,2 的 20 次方 PB,2 的 30 次方 TB,2 的 40 次方 GB,2 的 50 次方 MB,2 的 60 次方 KB,2 的 70 次方 B。达到 PB 这个量级就升为大数据了。2 的 70 次方 B 是个什么概念呢? 看起来数据很大,我们直观地感受一下,如果把这些数据刻到普通的 DVD 光盘里去,然后把这个光盘摞起来,可以从地球到月球一个半来回,这就是它的大小,而且 IDC 还预测全球的数据量大约每两年要翻一番,还会再不断地增长,2015 年达到 8 个 ZB,到了 2020 年可以达到 35 个 ZB。有感于这么大的数据,所以在 2012 年美国政府开始启动大数据研究和发展倡议计划,来推进从大量的复杂的数据集合中去获取知识,去预测未来。我们国家计算机学会也成立了大数据专家委员会,由李国杰院士担任召集人。

这么大的数据,这么多的数据怎么来的呢? 两个主要的来源:物联网和云计算。物联网是无处不在的计算,它产生了大量的数据,然后我们通过云计算提供了处理这样大量数据的能力,它们合起来使得这样的大数据成为可能。其实生活中我们每个人也都无时无刻在贡献着数据,您在微博上的一个话题,别人的一个回复,您在微信上随手发的一张照片,别人随手点的一个赞,您在网站上的一次购物,城市道路上的监控摄像头等都是大数据的来源。正应了那句老话:雁过留声,人过留名。

二、大数据的特点

数据只要足够大就是大数据了吗? 其实是不是大数据,光是大还不行,看看业界总结的 4 个 V 和 1 个 O 特征,要必须全部满足了才能够称为大数据。4 个 V 中的第一个 V 是 volume,表示数据量大;第二个 V 是 variety,表示大数据种类和来源多样化,如网络日志、音频、视频、图片、地理位置信息等等;第三个 V 是 value,意思是说大数据的价值,浪里淘沙却又弥足珍贵,价值密度低;第四个 V 是 velocity,意为速度快、时效高。比如说,搜索引擎要求几分钟前的新闻几分钟后用户就能查询得到,尽可能实现实时推荐。还有一个 O 是 online,表示数据是在线的,随时能够调用计算,这是大数据最为显著的特征。举个例子,打车软件,客户的数据和出租司机的数据都是实时在线的,这样的数据才有意义,才具有商业价值。

三、大数据时代的思维变革

我们处在这样一个大数据的时代,那必然会带来思维的变革。第一个变革,因为现在数据无处不在,我们有大量的数据,所以现在采用的模式是全数据模式,而不是以前的抽样模式。在从前的小数据时代,我们更多的研究采取的是抽样,抽一个样本出来,然后通过对这个样本进行统计分析,得到我们所需要的答案。比如说我们对人口的普查、对选举的预测,在原来很多都是通过抽样来预测,现在进入大数据时代之后,样本就等于总体。第二个,有了这么大量的数据之后,我们不再追求它的绝对的准确、绝对的精确,我们接收它的混杂性,而不是去避免它的混杂性。有缺陷是可以的,因为它的量足够大,有噪音也没有问题,因为它的量足够大,所以我们接受它的混杂性,把它作为一个标准的途径来考虑。第三个,由于这样大量的数据的存在,使得我们现在力所能及的可能是关心到底是什么,而很难做到找出它背后的原因是为什么。我们更加关注的是一种关联的关系,而不是这些事物之间的因果关系。我们观察各种复杂系统得到的大数据,一个一个来看,它反映的都是一些孤立的数据,分散的连接,但是把它们整合起来就是一个巨大的网络。比如说基因数据构成基因网络,脑科学的实验数据形成了神经网络,万维网的数据可以构成社会网络,所以大数据往往以复杂关联的数据网络这样一种独特的形式存在。那么对于这样的一个网络,我们最关心的就是它的关联。

我们需要通过各种各样数据挖掘的办法,去发现数据之间的相关关系,是不是 A 出现,在很多情况下一定伴随着 B 出现。我们关心的是这样一种相关出现的关系,我们现在可能还没有能力去追究,为什么 A 出现的大多数情况下 B 也会出现,背后的因果我们现在不一定有能力来追究,所以我们现在关心的是数据、事物之间的关联。当然,在小数据世界里面,相关的关系也是有用的,但是大数据的背景下它的相关关系会大放异彩。

我们来看一个关联的例子,这是一个经典的商业案例——啤酒和尿布。在沃尔玛超市有一个非常有趣的现象,啤酒跟尿布放在一起,但是这个奇怪的现象,它达成的结果就是啤酒和尿布的销量双双增加了,这个行为是偶然的吗? 是不是售货员放的时候放错了? 当然不是,这是商家通过对交易的原始数据进行所谓的购物篮的分析后发现绝大部分(86%)买啤酒的人同时也买了尿布,进行这样一个购物篮的分析,就是看顾客在同一次购物的活动中间,他到底是把哪些东西一起买。当然我们总还是想知道原因,市场人员去调查后发现美国的太太们常常要求丈夫下班的时候给小孩买尿布,而这些丈夫们又喜欢喝点啤酒,所以他们买了尿布之后就顺手拿了啤酒,所以尿布和啤酒就经常一起出现。这两个事物之间存在着很强的关联关系,既然它们关联在一起,为什么不把它们放在一起呢? 这样不就能更加促进他们的购买欲吗? 原来想买两瓶的,说不定就买了三瓶四瓶,所以这就是通过购物篮的分析,发现事物之间的关联。

四、大数据成预测家

预测未来,在传统观念里一直是一件不可思议的事情,而被称为大数据时代预言家的牛津大学教授维克托·迈尔舍恩伯则表示,大数据的核心是预测,不是要教机器人像人一样思考,而是要把数学计算运用到海量数据上,来预测事情发生的可能性。在 2014 年巴西世界杯足球赛上,除了球星是人们追捧的对象,大数据也成为宠儿,有人甚至将大数据亲切地称为世界杯赛场上的第 12 人,包括百度、谷歌、微软在内的互联网公司和投资银行以及新闻机构都利用大数据对赛事结果进行了准确预测。

大数据真的有这么神奇,它能够做很多很多过去我们不能想象的事情,比如说像高考作文题目的预测。高考之前,大数据团队根据过去那么多年的高考作文,各个省的模拟题以及现在的时事,大家都关心什么……把这些数据都综合起来之后,预测了几个作文题的方向,结果猜中了四五个省的高考题。再比如,

2009 年,谷歌通过分析 5000 万条美国人最频繁检索的词汇,将之和美国疾病控制中心在 2003 年到 2008 年间季节性流感传播时期的数据进行比较,并建立了一个特定的数学模型,最终谷歌成功预测了 2009 年美国一些地区冬季流感的发病时间和类型。甚至 2012 年 11 月奥巴马大选连任成功的胜利果实也被归功于大数据,因为他的竞选团队进行了大规模与深入的数据挖掘。随着大数据和云计算技术的日益强大,那些看似不可思议的事情,被一次次应验。

五、大数据时代隐私保护

生活全面数字化的今天,个人隐私的形态和观念已经发生重大改变。如果说传统意义上,保险柜、房屋构成的物理空间就能守护我们的秘密,那么现代意义上的隐私,就可以转化为数据,借助一根网线、一个路由器传遍各个角落。每个人都期待获得个性化服务。但是,在大数据时代,想要获得个性化服务,就一定会在某种程度上牺牲自己的隐私。当你在使用电子邮件、社交网络的时候,你大概也会知道你的信息正在被记录下来;你发表的言论或者分享的照片、视频等都决定着互联网运营商即将向你推荐什么样的资源和广告;当你拿着 iPhone 满世界跑的时候,苹果早已通过定位系统把你的全部信息搜罗在自己的数据库里,利用这些信息来构建地图和交通信息等;当你在享受着视频监控带来的安全感的同时,别忘了你也是被监控的一分子,你的一举一动都会暴露在镜头下面;你用手机通话时,运营商不仅知道你打给谁,打了多久,还知道你是在哪里进行的通话。

以前,这些记录几乎不会对普通人造成影响,因为它的数量如此巨大,除非刻意寻找,否则人们不会注意其中的某些信息。但是,随着大数据技术的不断进步,这一状况正在发生改变。微软研究院的高级研究员博伊德(Danah Boyd)曾经表示:"如今,我们社交网络化的社会绝对有制造恐慌的天分。在大数据时代,对隐私泄露的担忧就是强大的紧张和焦虑的源泉。人们普遍认为,最令人焦虑的在于你根本不知道什么时候自己的隐私无意中就被泄露出去了。"

《爆发》一书更是指出,人的行为看似随机无序,但实际上是存在某种规律的。社交网络如此发达的今天,大数据把人的行为进行放大分析,从而能够相对准确地预测人的性格和行程。所以,不排除有这样一种可能:在忙完了一天的工作之后,你还没有决定要去哪儿,数据中心却早就先于你准确预测了接下来的目的地。曾经,谷歌的一位工程师在解释"为什么不收集与人的名字相关的信息"的时候说道:"我们根本就不需要名字,名字对我们来说完全多余。谷歌记录网民搜索查询、位置和网上行为的大型数据库中就有大量信息，这足以让谷歌间接地了解一个人。"这意味着人们隐私权的最后一道防线同样脆弱得不堪一击。360的董事长周鸿祎说，保护个人隐私是大数据应用的关键基础。在隐私保护问题上，大数据技术要重点强调符号化和用户特征这两个概念。

符号化，是当我们去识别一个用户时，用和他真实信息不相关的符号标记这个用户。符号通过算法来保证，是单向的识别，使我们能识别出两次登录的是同一个用户，却无法通过此符号反推出该用户在真实生活中的姓名、电话和住址，这就基本享受了大数据带来的优势，同时又规避了信息安全的风险。用户特征，是在大数据时代，企业感兴趣的往往是这个用户的特征，而不是家庭地址、电话号码这类真正敏感的信息。比如说，我希望知道你是一个20岁到30岁年龄段，生育过子女，有高等教育学历的女性，这些都是你的特征，但是我并不想知道你姓甚名谁，今年多大，有几个小孩。如果在数据使用过程中严格遵循符号化和用户特征原则，我们就能规避掉不良风险。

除了技术以外，政策和立法才是大数据时代个人隐私保障的重要凭借。2012年12月28日，《全国人民代表大会常务委员会关于加强网络信息保护的决定》审议通过。2013年，工信部根据全国人大的决定，出台了关于互联网和电信网个人信息保护条例，提出了数据保护的一系列要求。保护隐私需要多管齐下，需要技术，也需要系统的整个规划，也需要法律法规，更重要的是每个人都要有保护隐私的意识。

六、生活中的大数据

大数据不仅在销售影视剧制作上发挥着重要作用，对我们的日常生活也起着举足轻重的作用。下面我们来看看大数据是如何指导我们买车的。

首先，搜索引擎会帮您找出专家的购车时间推荐——每年的12月，国内专家的理由是每年12月是私人购车的传统高峰期，厂家为了向年度销售目标冲击，都会有较大幅度的降价，这个时候买车最为划算。而国外专家的理由也是惊人地相似，他们也认定12月买车便宜，因为经销商为了清理库存，冲刺年度销售目标，降价甩卖。一份报告称，传统上，人们认为买车最划算的月份是12月，实际上12月是买车最贵的时间。数据显示，12月汽车销售的平均价格是31146美元，位居榜首，而买车最便宜的月份应该是8月，平均销售价格是29296美元，比一年中其他月份要低169美元；另外每个月月初的几天买车更划算，比起这个月的其他时间，平均可节省390美元；同时一个星期当中最好的买车时间是周日，周五是一个星期当中最贵的一天,基于以上大数据分析有人算出了 2015 年的最佳买车时间是 2015 年的 8 月 2 日,而不是传统的 12 月。

【思考与练习】

1.谈谈你对大数据的理解。

2.列举一下大数据在生活中的应用。

3.谈谈大数据时代怎样保护隐私。

第三节　云计算

一、云计算的雏形

互联网以及移动互联网时代,最严重的问题之一是什么? 不是对手比你强,而是你根本连谁是对手都不知道。新的更强大的对手已经用互联网思维在布局跨界打劫你的市场,但你却浑然不知,等你醒悟过来的时候,已经来不及了。最彻底的竞争是跨界竞争,你认为收费的主营业务,一个跨界的进来,免费,因为人家根本不靠这个赚钱,你美滋滋地活了好多年,结果到最后怎么死的都不知道。典型的案例如瑞星杀毒收费,360 杀毒进来全部免费,让整个杀毒市场翻天覆地。

微信 7 个亿的用户还在增加,直接打劫了中国移动、电信和联通的饭碗,余额宝的出台,18 天狂收 57 个亿资金存款,开始抢夺银行的饭碗。柯达的葬礼已经快要被人遗忘,摩托罗拉、诺基亚、东芝、索尼都在排队等候档期,国美醒来的速度太慢太慢,等它睁开眼睛,仓库里剩下一地的悲伤,京东早已实现明目张胆的打劫。你不敢跨界就有人跨过来打劫,未来十年是一个海盗嘉年华,各种横空而出的人物会遍布各个领域。数据重构商业,流量改写未来,旧思想渐渐消失,逐渐变成数据代码。大数据时代,云计算的发展,一切都在经历一个推倒重来的过程。你是否想过,有一天电脑会消失,依靠一些传感系统,不用出门医生就可以给你远程就诊;靠一个掌上终端,随时随地移动办公成为可能,这一切都源于一种新的互联网模式——云计算。

云计算的概念在中国已经火了好几年。而说到云计算,其实大部分外行人还是云里雾里的。云计算的产生和人们的需求息息相关,最开始人们使用算盘,后来人们用上了电脑,再后来人们有了网络,进行数据共享和下载。随着越来越多的人学会上网,服务器吃不消了,于是人们需要更多更好的服务器来承载数据,再往后服务器系统越来越复杂,使得系统越来越不稳定。假如其中一个服务器出问题,那么一个完整的系统就会崩溃,这时候人们需要更大型更高端的服务器,可是这样做费用极其昂贵,于是人们想到一个好办法,把所有的计算资源集结起来看成一个整体,或者称之为一朵云,一个任务被服务器集群们一起达成,这就是云计算的雏形。

二、云计算的概念

说到云计算,大家肯定不陌生,如今在电脑和手机上到处都可以看到和云计算有关的应用,那么云计算到底是一种什么技术呢?现阶段广为接受的是美国国家标准技术研究院(NIST)的定义:云计算是一种按使用量付费的模式,这种模式提供可用的、便捷的、按需的网络访问,进入可配置的计算资源共享池(资源包括网络、服务器、存储、应用软件、服务),这些资源能够被快速提供,只需投入很少的管理工作,或与服务供应商进行很少的交互。

通俗点讲,云计算就是利用互联网高速的传输能力,将用户所有的数据和服务,甚至是各类软件都放在云这个大型数据处理中心,用户只需有一个上网的终端就可以,云计算可以将诸如个人电脑、手机、电视等各种各样的互联网终端连接在一起,人们只需要输入简单的指令就可以获取大量的信息和服务,你可以想象自己有无限大的资源,然后随时可以获取,而且它又是弹性的。如果我们把水管看成通信网络,把水龙头看作我们的手机、平板、个人电脑,那么自来水公司的各类水处理设备和水源就是云,从水源地采水、消毒、净化、存储的过程就是云计算,而把自来水送到家里,并按照用户的用水量进行收费就是云服务。

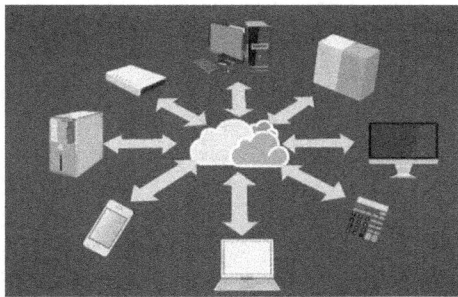

云计算的终端本身并不用配备主机,它所有数据的存储和真正的操作、应用,都是由后台服务器来处理的,而后台的服务器并不是给某一个人用的,而是

给大家共同使用的。有了后台支持,普通人即使买不起大型服务器,也可以用上性能优越的超级计算机。云计算的后台主要由三部分组成,第一是能提供计算和存储的硬件,第二是提供虚拟化和一些应用的软件,第三是能够连接不同运营商的通讯功能。而这所有的三项通讯功能基本上都是在数据中心里面实现的。

无论是家庭电脑、手机、ipad,还是其他设备终端,只要通过网络与后台数据中心连接,复杂的运算就可以交给数据中心来完成,普通设备就可以实现高性能的操作。比如说我原来设计一个房屋内部装饰的颜色,如果用自己家庭的电脑可能用 30 分钟甚至更长的时间才能完成渲染,而用云计算平台提供的这种服务,我用 3—5 分钟就可以达到更好的效果。

三、云计算的特点

云计算拥有像自来水一样的优点,比如便捷,云服务可以按需购买使用;价低,购买云服务,不用自己买服务器,花钱维护;随处可达,我们存放在云上的所有数据,在任何地点,任何终端都可以有效地访问到,并且可以全国调配计算资源。除了这些,云计算还有很多比自来水更好的优点。

(一)高可靠性

云计算提供了安全的数据存储方式,能够保证数据的可靠性,用户无须担心软件的升级更新、漏洞修补、病毒的攻击和数据丢失等问题,从而为用户提供可靠的信息服务。

(二)高扩展性

云计算能够无缝地扩展到大规模的集群之上,甚至包含数千个节点同时处理。云计算可从水平和竖直两个方向进行扩展。

(三)高可用性

在云计算系统中,出现节点错误甚至很多节点发生失效的情况都不会影响系统的正常运行。因为云计算可以自动检测节点是否出现错误或失效,并且可以将出现错误和失效的节点清除掉。

(四)虚拟化

云计算是一个虚拟的资源池,它将底层的硬件设备全部虚拟化,并通过互联网使得用户可以使用资源池内的计算资源。

(五)廉价性

云计算将数据送到互联网的超级计算机集群中处理,这样无须对计算机的设备不断地进行升级和更新,仅需支付低廉的服务费用,就可完成数据的计算和处理,从而大大减少了成本资金。

四、云计算发展历程

从云计算概念的提出,一直到现在云计算的发展,云计算渐渐地成熟起来。云计算的发展主要经过了四个阶段,依次是电厂模式、效应计算、网格计算和云计算。

(一)电厂模式阶段

网上的比喻很好,网上说电厂模式就好比利用电厂的规模效应,来降低电力的价格,并让用户使用起来方便,且无须维护和购买任何发电设备。我觉得云计算就是这样一种规模,将大量的分散资源集中在一起,进行规模化管理,降低成本,方便用户的一种模式。

(二)效应计算阶段

在 1960 年左右,由于计算机设备的价格非常昂贵,远非一般的企业、学校和机构所能承受的,于是很多 IT 界的精英们就有了共享计算机资源的想法。在 1961 年,人工智能之父麦肯锡在一次会议上提出"效应计算"这个概念,其核心就是借鉴了电厂模式,具体的目标是整合分散在各地的服务器,存储系统以及应用程序来共享给多个用户,让人们使用计算机资源就像使用电力资源一样方便,并且根据用户使用量来付费。可惜当时的 IT 界还处于发展初期,很多强大的技术还没有诞生,比如互联网等等。虽然有想法,但是由于技术的原因还是停留在那里。

(三)网格计算阶段

网格计算,说穿了就是化大为小的一种计算,研究的是如何把一个需要非常巨大的计算能力才能解决的问题分成许多小部分,然后把这些部分分配给许多低性能的计算机来处理,最后把这些结果综合起来解决大问题。可惜的是,由于网格计算在商业模式、技术和安全性方面的不足,使得其并没有在工程界和商业界取得预期的成功。

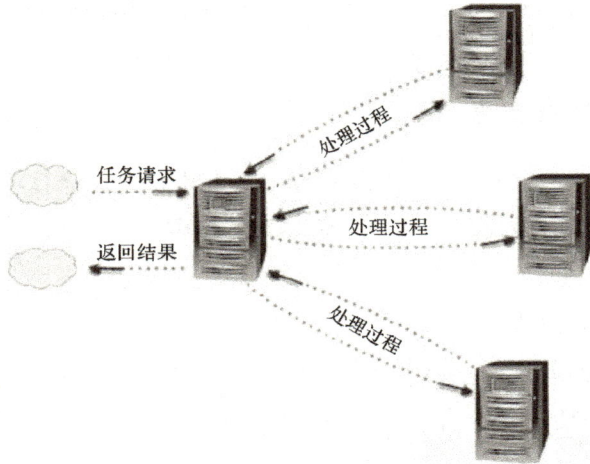

(四)云计算阶段

云计算的核心与效用计算和网格计算非常类似,也是希望 IT 技术能像使用电力那样方便,并且成本低廉。但与效用计算和网格计算不同的是,现在在需求方面已经有了一定的规模,同时在技术方面也已经基本成熟了。

五、云计算的服务模式

根据现在最常用,也是比较权威的 NIST(National Institute of Standards and Technology,美国国家标准技术研究院)的定义,云计算主要分为三种服务模式,而且这个三层的分法主要是从用户体验的角度出发的:

1. SaaS(Software as a Service)软件即服务。厂商将应用软件统一部署在自己的服务器上,客户可以根据需求订购所需的软件应用服务,企业不用购买、建设和维护基础设施和应用程序,成本大幅降低。

2. IaaS(Infrastructure as a Service)基础设施即服务。它为用户提供服务器、存储和计算能力。它像一个标准厂房供电、供水、供气,客户租用厂房,只要购置机器和雇佣工人就可以建设生产车间。

3. PaaS(Platform as a Service)平台即服务。以服务形式为开发人员提供开发环境,服务平台和硬件资源,使其可以在整个平台上开发新的应用或扩展已有的应用。它像为开发商盖了一幢商厦,里面有很多摊位,小贩们可以出来卖衣卖帽等。

IaaS Infrastructure as a Service	PaaS Platform as a Service	SaaS Software as a Service
软件 Software （应用）	软件 Software （应用）	软件 Software （应用）
系统平台 Platform （应用服务器、应用框架、编程语言）	系统平台 Platform （Web服务、应用服务、数据库管理）	
基础设施 Infrastructure （网络、计算、存储、机房、环境、电源、散热和制冷）		

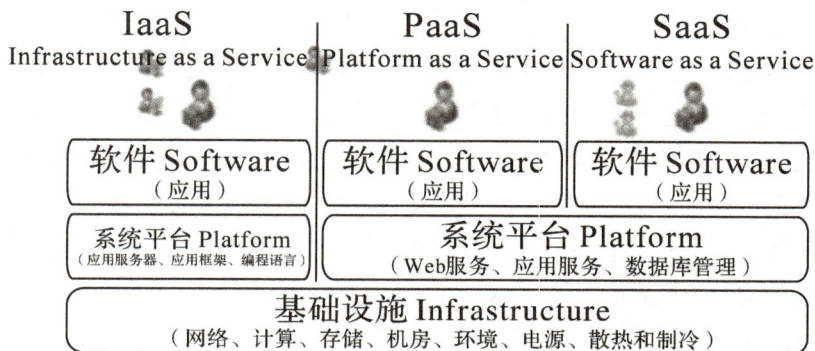

它们之间的关系主要可以从两个角度进行分析：其一是用户体验角度。从这个角度而言，它们之间的关系是独立的，因为它们面对不同类型的用户。其二是技术角度。从这个角度而言，它们并不是简单的继承关系(SaaS 基于 PaaS，而 PaaS 基于 IaaS)，因为首先 SaaS 可以是基于 PaaS 或者直接部署于 IaaS 之上，其次 PaaS 可以构建于 IaaS 之上，也可以直接构建在物理资源之上。

六、生活中的云计算

云计算技术在生活中的应用越来越广泛，我们也许有一天会突然发现，越来越多的生活习惯已经被悄悄地改变了。

（一）在线办公

可能人们还没发现，自从云计算技术出现以后，办公室的概念已经很模糊了。在任何一个有互联网的地方都可以同步办公所需要的办公文件。即使同事之间的团队协作也可以通过基于云计算技术的服务来实现，而不用像传统的那样必须在同样一个办公室里才能够完成合作。在将来，随着移动设备的发展以及云计算技术在移动设备上的应用，办公室的概念将会逐渐消失。

(二)云存储

在日常生活中,备份文件就和买保险一样重要。个人数据的重要性越来越突出,为了保护你的个人数据不受各种灾害的影响,移动硬盘就成了每个人手中必备的工具之一。但云计算的出现彻底改变了这一格局。通过云计算服务提供商提供的云存储技术,只需要一个账户和密码,以及远远低于移动硬盘的价格,就可以在任何有互联网的地方使用比移动硬盘更加快捷方便的服务。随着云存储技术的发展,移动硬盘也将慢慢地退出存储的舞台。

(三)地图导航

在没有 GPS 的时代,每到一个地方,我们都需要一个新的当地地图。以前经常可以看到路人拿着地图问路的情景。而现在,我们只需要一部智能手机,就可以拥有一张全世界的地图,甚至还能够得到地图上得不到的信息,例如交通路况、天气状况等等。我们甚至可以根据对方提供的位置共享信息来实时判断我们走的路线是不是正确,我们距离目的地还有多远的距离。正是基于云计算技术的 GPS 带给了我们这一切。而且地图、路况这些复杂的信息,并不需要预先安装在我们的手机中,而是储存在服务提供商的"云"中,我们只需在手机上按一个键,就可以很快地找到我们所要找的地方。

(四)搜索引擎

如今的搜索,已经不仅仅是一个提供信息的工具。云计算技术赋予了搜索引擎强大的信息处理能力,我们的生活已经离不开搜索引擎了。当我们遇到解决不了的问题时,可以去询问搜索引擎;当我们想要买东西时,搜索引擎会告诉我们去哪里买;当我们要去旅游时,搜索引擎也会帮我们安排好一切。搜索引擎越来越像一个生活管家,使我们的生活更有质量、更加高效。

(五)电子日历

我们的大脑并不是万能的,不可能记住我们所需要记住的每一件事。所以我们需要用一些东西来协助我们。最初,圆珠笔和便签就成了很好的选择。后来,人们可以在电脑上记下来,在手机上记下来,但这样做显得有点麻烦:我们需要在不同的设备上记录很多次。云计算技术的应用很简单地解决了这个问题。我们只需要在一台数码设备上记录一次,就可以在所有的设备上实现同步,甚至与电子邮件结合在一起,使我们的生活变得更加方便。谷歌日历可以帮助我们做很多事情:提醒我们要在母亲节给妈妈买花,提醒我们什么时候去干洗店取衣服,提醒我们飞机还有多长时间起飞,等等。谷歌日历还可以通过各种设备提醒我们,既可以是电子邮件,也可以是手机短信,甚至可以是电话。

(六)电子邮件

由于各种不同的原因,我们都会有几个不同的邮箱。而常常查看这些邮箱的邮件,就变成一件很烦琐的事情,我们需要打开不同的网站,输入不同的用户名以及密码。云计算服务商很好地解决了这个问题,通过托管,邮件服务提供商可以将多个不同的邮件整合在一起。例如,谷歌的 Gmail 电子邮件服务,可以整合多个符合 pop3 标准的电子邮件,用户可以直接在 Gmail 的收件箱中收取到来自各个邮箱中的电子邮件。

云计算发展势不可当,云的未来不是梦。未来人们手持一部平板或手机就可以获得一切资源,不需要安装任何操作系统和软件,云计算也会深入我们的衣食住行,让我们穿得美丽、吃得安全、住得舒服、行得通畅。云计算将引领生活新方向。

【思考与练习】

1.谈谈你对云计算的理解。

2.请简述一下云计算的服务模式。

3.思考一下云计算在我们生活中都有哪些应用。

【学习贴士】

人工智能

2016 年被誉为人工智能发展的元年,这一年以大数据、云计算为代表的人工智能底层技术不断突破,以人脸识别、语言识别为代表的感知交互技术日渐成熟,以工业机器人、智慧汽车、智慧医疗为代表的智能应用层出不穷,人工智能将改变我们的世界。

大数据＋深度学习，人工智能势不可当。2016年3月会下围棋的AlphaGo战胜了围棋冠军李世石震惊了全世界。AlphaGo一天就可以模拟下100万盘棋，通过大量的模拟训练和深度学习，它掌握了应对各种复杂棋局的大数据方案。AlphaGo的这场胜利，在一定程度上是深度学习和大数据的胜利。2016年美国休斯敦卫理公会研究所，基于乳腺疾病的大数据开发了一个人工智能设备，可以对数百万乳房X光片进行分析，乳腺癌诊断的正确率高达99％，诊断速度是普通医生的30倍。

小到穿衣搭配，大到求医看病，基于大数据的人工智能应用，已经在改变我们的生活。

人脸识别＋语音识别，让人机互动的智能生活触手可及。2016年刷脸已经不再是一句玩笑，北京西站等火车站在春运期间开通刷脸进站通道。人脸识别技术已经可以对人脸信息进行精准的识别、定位和跟踪，旅客只需将二代身份证和蓝色车票叠放在一起，摄像头就会采集旅客的人脸信息，与身份证上的人脸信息进行比对识别，如果验证通过，闸机门就会自动打开。人脸识别技术的不断突破，正在让身份验证和信任传递更加简单高效。2016年某手机品牌的新品发布会，被一款语音输入法抢去了风头，它不仅能识别各种方言，而且还自带中英文实时翻译功能，声音与文字之间的切换，从此更加轻松自如，语音识别技术的突破，正在为人机互动的智能化未来打开一扇新的大门。

机器人＋无人驾驶，越来越多的岗位将被人工智能替代。在2016年中国科协主办的世界机器人大会上，你一定会对工业机器人的快速发展感到震惊，无论是装配机器人、搬运机器人还是焊接机器人、喷涂机器人，你会发现很多枯燥、烦琐、危险的工作完全可以由工业机器人来完成，人工智能必将给制造业带来一场脱胎换骨的智能化变革。

2016年IT巨头百度、谷歌，汽车巨头宝马、大众，还有科技新贵特斯拉、乐视汽车都对无人驾驶投入了极大的热情，虽然这些无人驾驶汽车还处在实验阶段，但把人们从枯燥烦琐的驾驶操作中解放出来，已经成为颠覆者们的共识。一个无人驾驶主导的智能交通时代前景可期。

人工智能领域的创新创业不断涌现。2016年，最让我们感到振奋的应该是人工智能领域创新创业者的投入热情，世界互联网大会的报告显示，全球平均每10.9个小时就会有一家人工智能企业诞生。仅在中国的北上深三地，人工智能领域的创新企业就占到了全球总数的7.4％。有那么多创新创业者的热情投入，我们有理由期待在技术改变生活的道路上，人工智能将给我们带来更多惊喜。

参考文献

[1] 吴军. 数学之美[M]. 北京:人民邮电出版社,2012.

[2] 赵焕光. 数的家园[M]. 北京:科学出版社,2008.

[3] 厉以宁. 中国宏观经济的实证分析[M]. 北京:北京大学出版社,1992.

[4] 刘斌. 货币政策与宏观经济定量研究[M]. 北京:科学出版社,2001.

[5] 夏斌. 中国经济[M]. 北京:中信出版社,2016.

[6] 安格斯·麦迪森. 中国经济的长期表现[M]. 伍晓鹰,马德斌,译. 王小鲁,校. 上海:上海人民出版社,2016.

[7] 吴敬琏,马国川. 重启改革议程:中国经济改革二十讲[M]. 北京:生活·读书·新知三联书店,2016.

[8] 吴敬琏. 走向"十三五":中国经济新开局[M]. 北京:中信出版集团股份有限公司,2016.

[9] 徐宪平. 中国经济的转型升级:从"十二五"看"十三五":Transformation and upgrading the Chinese economy[M]. 北京:北京大学出版社,2015.

[10] 李宏瑾,房清丽,罗昌瀚,等. 经济与生活[M]. 长春:吉林出版集团有限责任公司,2010.

[11] 格里高利·曼昆. 经济学原理:上[M]. 北京:机械工业出版社,2003.

[12] 弗里希,费方域. 通货膨胀理论[M]. 北京:商务印书馆,1992.

[13] 李英. 证券投资学[M]. 北京:中国人民大学出版社,2016.

[14] 中华人民共和国国家统计局. 中国统计年鉴[M]. 北京:中国统计出版社,2015.

[15] 塞缪尔·格林加德. 物联网[M]. 北京:中信出版社,2016.

[16] 莱特,史蒂文斯. TCP/IP 详解:卷 2 实现[M]. 北京:机械工业出版社,2014.

[17] 高建良. 物联网 RFID 原理与技术[M]. 北京:电子工业出版社,2013.

[18] 李德伟,陈佳科,李济汉. 大数据小故事[M]. 北京:中国标准出版社,2014.

[19] 丁圣勇,樊勇兵,闵世武. 解惑大数据[M]. 北京:人民邮电出版社,2013.

[20] 周品. 云时代的大数据[M]. 北京:电子工业出版社,2013.

[21] 中国通讯学会.对话云计算[M].北京:人民邮电出版社,2012.

[22] 雷万云.云计算:技术、平台及应用案例[M].北京:清华大学出版社,2011.

[23] 邓炎昌.语言与文化[M].北京:外语教学与研究出版社,1989.

[24] 杜学增.中英(英语国家)文化习俗比较[M].北京:外语教学与研究出版社,2001.

[25] 贾玉新.跨文化交际学[M].上海:上海外语教育出版社,1997.

[26] 李萍.浅谈日本人的数字禁忌与喜好[J].黑龙江生态工程职业学院学报,2011(1).

[27] 彭新勇.文化背景下的日本人数字观探析[J].湛江师范学院学报,2009(2):133－135.

[28] 强媛媛.中西数字文化对比与对外汉语教学[D].开封:河南大学,2013:17-23.

[29] 王红旗.生活中的神妙数字[M].北京:中国对外翻译出版公司,2003.

[30] 吴义方,吴卸耀.数字文化趣谈[M].上海:上海大学出版社,2005.

[31] 张德鑫.中外语言文化漫议[M].北京:华语教育出版社,1996.

[32] 王凯丽.俄汉民族数字文化分析对比[D].上海:上海外国语大学,2012.

[33] 王晓鹏.从奇偶数观分析中日的数字文化[D].烟台:鲁东大学,2012.

[34] 杨云.从英汉数词看中西数字文化观[J].齐齐哈尔大学学报:哲学社会科学,2008(2).

[35] 曹容.中西数字的文化观比较[J].四川理工学院学报:社会科学版,2006(1).

[36] 胡莉敏.2016年的喜悦与2017年的期盼——河北省政府工作报告中哪些内容将改变百姓生活[J].公民与法治,2017(1).

[37] 教育部.两会受权发布:政府工作报告[J].教育院/系/研究所名录,2017.

[38] 张丽平,郝素贞.论中西数字文化内涵之迥异[J].河北学刊,2010(1).

[39] 陆晓燕.简谱、五线谱漫谈[J].艺教视界,2009(7).

[40] 胡星.中西数字文化浅谈[J].海外英语,2014(4).